je suis un
bum
de
bonne famille

Révision : Rachel Fontaine
Correction : Odette Lord

**Catalogage avant publication
de la Bibliothèque nationale du Canada**
Bertrand, Jean-François

  Je suis un bum de bonne famille

  Autobiographie.

  1. Bertrand, Jean-François. 2. Toxicomanes - Réadaptation - Québec (Province).
  3. Toxicomanes - Québec (Province) - Biographies.
  4. Ministres - Québec (Province) - Biographies. I. Titre.

HV5805.B47A3 2003   362.29'3'092   C2003-941497-3

DISTRIBUTEURS EXCLUSIFS :

• Pour le Canada
  et les États-Unis :
  MESSAGERIES ADP*
  955, rue Amherst
  Montréal, Québec
  H2L 3K4
  Tél. : (514) 523-1182
  Télécopieur : (514) 939-0406
  * Filiale de Sogides ltée

• Pour la France et les autres pays :
  VIVENDI UNIVERSAL PUBLISHING SERVICES
  Immeuble Paryseine, 3, Allée de la Seine
  94854 Ivry Cedex
  Tél. : 01 49 59 11 89/91
  Télécopieur : 01 49 59 11 96
  Commandes : Tél. : 02 38 32 71 00
                  Télécopieur : 02 38 32 71 28

• Pour la Suisse :
  **VIVENDI UNIVERSAL PUBLISHING
  SERVICES SUISSE**
  Case postale 69 - 1701 Fribourg - Suisse
  Tél. : (41-26) 460-80-60
  Télécopieur : (41-26) 460-80-68
  Internet : www.havas.ch
  Email : office@havas.ch
  DISTRIBUTION : OLF SA
  Z.I. 3, Corminbœuf
  Case postale 1061
  CH-1701 FRIBOURG
  Commandes : Tél. : (41-26) 467-53-33
                  Télécopieur : (41-26) 467-54-66
                  Email : commande@ofl.ch

• Pour la Belgique et
  le Luxembourg :
  PRESSES DE BELGIQUE S.A.
  Boulevard de l'Europe 117
  B-1301 Wavre
  Tél. : (010) 42-03-20
  Télécopieur : (010) 41-20-24

Pour en savoir davantage sur nos publications,
visitez notre site : **www.edhomme.com**
Autres sites à visiter : www.edjour.com •
www.edtypo.com • www.edvlb.com •
www.edhexagone.com

Gouvernement du Québec – Programme de crédit
d'impôt pour l'édition de livres – Gestion SODEC –
www.sodec.gouv.qc.ca

L'Éditeur bénéficie du soutien de la Société de
développement des entreprises culturelles du Québec
pour son programme d'édition.

Nous remercions le Conseil des Arts du Canada de l'aide
accordée à notre programme de publication.

Dépôt légal : 3e trimestre 2003
Bibliothèque nationale du Québec

ISBN 2-7619-1822-3

Conseil des Arts   Canada Council
du Canada   for the Arts

Nous reconnaissons l'aide financière du gouvernement
du Canada par l'entremise du Programme d'aide au
développement de l'industrie de l'édition (PADIÉ) pour
nos activités d'édition.

je suis un bum de bonne famille

Jean-François Bertrand

LES ÉDITIONS DE L'HOMME

À mes proches d'ici et d'ailleurs,
en reconnaissance de leur aide
et de leur amitié.

À ceux qui souffrent,
pour qu'ils croient en eux
et reprennent espoir.

AVANT-PROPOS

Merci d'être là !

J'imagine que vous entreprenez la lecture de ce livre avec un esprit ouvert. Je vous accueille donc dans l'intimité de mon cheminement. Mon objectif ? Être vrai, authentique, et transparent. Je sais que je vais sans doute surprendre, provoquer, voire choquer. Je sollicite donc votre compréhension et votre tolérance.

Ce que je raconte dans ce livre, j'accepte de le partager avec vous pour consolider ma propre sobriété, redonner espoir à d'autres toxicomanes et sensibiliser les gens à cette réalité qui continue de faire des ravages dans notre société. En m'ouvrant ainsi, j'ai revisité ma vie, cet alliage de violence et de douceur, de noirceur et de clarté, de laideur et de beauté.

J'ai grandi dans un milieu stimulant, à l'abri des expériences de consommation auxquelles doivent faire face les jeunes d'aujourd'hui. Et, n'ayant rien vu venir, j'ai sombré dans la toxicomanie à l'âge de 35 ans pour y rester pendant vingt longues et pénibles années. Jusqu'à ce 10 juillet 2002.

En ce moment, à l'instant où vous lisez ces lignes, peut-être suis-je toujours abstinent, peut-être ai-je encore rechuté. On ne guérit pas de cette maladie. D'où l'engagement de la vivre un jour à la fois. De s'installer sereinement dans l'« ici et maintenant ».

Et surtout, de garder espoir.

Bonne lecture !

Montréal
1er janvier – 10 avril 2003

*On ne peut pas résoudre un problème avec
la même pensée que celle qui l'a créé.*

EINSTEIN

CHAPITRE PREMIER

Overdose

Sauf quelques rares et brèves interruptions, dont la plus longue n'a pas duré un an, j'ai consommé de la cocaïne pendant quatorze ans, soit de 1988 à 2002. Jamais seul. Toujours avec l'objet de mes fantasmes : un gars, à condition qu'il soit jeune et beau. Ce serait folie et illusion que de vous raconter toutes les rencontres sucrées et salées que j'ai faites sous l'influence de la drogue. Celle du 1er juillet 1996 suffira à montrer l'ampleur et la profondeur du mal d'être et du mal de vivre qui m'habitaient et que je n'arrivais à supporter qu'en gelant mes émotions et en me détruisant. Car, ce jour-là, la drogue a failli m'arracher à la vie.

Le 23 février de cette même année, à la suggestion pressante d'une de mes connaissances, j'acceptais d'entreprendre une quatrième thérapie, quelques mois seulement après avoir achevé la troisième. Encore une rechute dont je ne parvenais pas à me sortir autrement qu'en appelant à l'aide. C'est ainsi que j'ai pris la décision de quitter définitivement Québec pour Montréal, après trente années d'une tranche de vie trépidante et productive, mais qui se concluait par un divorce et une incapacité à me remettre au travail. J'étais devenu dysfonctionnel, autant dans ma vie privée que dans ma vie professionnelle. J'avais le sentiment que cette nouvelle thérapie allait m'inciter à changer d'environnement pour maximiser mes chances de me rétablir. Détruit, défait, démoli, j'entrai à la Clinique du Nouveau Départ. On m'y attendait.

Toute l'armada multidisciplinaire de ce centre de traitement « le plus cher en ville » semblait s'être donné rendez-vous pour me voir débarquer. On m'a rapidement pris en charge, me transportant d'une pièce à l'autre pour me présenter tous ceux qui me prodigueraient leurs bons soins. Et comme point d'orgue, c'est dans le bureau du directeur médical que le diagnostic tomba, raide et cru :

— Monsieur Bertrand, vous avez trois problèmes : la cocaïne, le sexe et… l'intelligence. Et le pire des trois, ce n'est ni la cocaïne ni le sexe : c'est votre intelligence !

Le Dr Chiasson avait l'art de la formule lapidaire. Il se trompait rarement. Dans mon cas, il voyait juste. En effet, comment un individu prétendument intelligent pouvait-il envisager une quatrième thérapie en six ans ? Comment se faisait-il que mes supposées belles facultés intellectuelles ne m'aient pas encore servi à sortir de l'enfer de la drogue ? Pourquoi avais-je tant de difficultés à comprendre que je courais à ma perte ? Intelligent, vous dites ? Tel était bien mon problème ! Il allait me falloir trois autres thérapies pour le comprendre.

À la Clinique du Nouveau Départ, les choses se déroulèrent plutôt bien. Attentif et studieux, je m'engageai à fond à suivre le programme thérapeutique de sept semaines. En revanche, solitaire et sauvage, je ne passai qu'une nuit à la maison d'hébergement dont les pièces exiguës et mal insonorisées me privaient de la quiétude absolue dont j'avais besoin. Dès le lendemain, j'entrai donc en trombe dans le bureau du « bon docteur » :

— Je suis prêt à suivre ma thérapie jusqu'au bout, mais je n'endurerai pas une journée de plus dans votre minable auberge. Et ce n'est pas négociable.

Ma foi, j'ai dû paraître sincère et déterminé, puisqu'on m'autorisa le jour même à m'installer… dans un presbytère ! Magnifique église Saint-Jean-Baptiste du Plateau Mont-Royal !

Le curé de la paroisse, homme d'une belle sensibilité et d'une grande culture, voulut bien accueillir un ex-ministre qui n'en menait pas large. L'atmosphère y était feutrée. Ma grande chambre, avec salle de bains privée, m'enchantait. Deux religieuses officiaient dans le travail et la prière. Sœur Denise était de toutes les corvées ménagères, tandis que sœur Yvette s'occupait de la gestion. Aux cuisines, Helena, une Portugaise, nous servait les repas préparés à l'archevêché. Avec Dieu si près, c'était le paradis !

Dorloté à la clinique, dorloté au presbytère, je jouissais de toutes les conditions propices à mon rétablissement. Bien sûr, il me fallut réentendre plusieurs des enseignements appris au cours de mes thérapies précédentes, ce qui me donnait l'occasion d'aider des plus *mal pris* que moi… Comme à chaque étape de ma vie, je me voyais encore performer ; j'étais le premier, le meilleur, juché sur un piédestal. Ragaillardi par une si belle réussite, j'achevai ma thérapie vers la mi-avril, à peu près convaincu que cette fois-ci, j'avais bel et bien compris. Moment d'extase !

Je profitai des semaines suivantes pour faire du bénévolat à la clinique et à l'auberge. Je continuai d'habiter au presbytère avec monsieur le curé, séjour qui dura tout compte fait près de deux ans. Ma mère eut même la gentillesse de m'offrir son petit chalet au bord du lac, tout juste devant notre fort belle résidence familiale des Cantons-de-l'Est où elle vivait seule. J'y demeurai une bonne partie de cet été 1996. J'y coulai des jours heureux ; je vivais en paix.

Dans mon esprit, je ne tournais pas une page, je ne passais pas à un autre chapitre : je fermais un livre et j'en ouvrais un autre qu'il me restait maintenant à écrire. Toutes ces nouvelles pages immaculées sur lesquelles je souhaitais coucher mon goût de vivre retrouvé, ma paix intérieure, ma tranquillité d'esprit, la quiétude, le calme ; de simples et petites joies ordinaires comme autant d'occasions de bonheur. J'en rêvais. J'y croyais.

Ce fut vrai durant dix semaines.

Il m'arrivait à l'occasion, pour libérer ma libido et assouvir mes fantasmes, de partir à la chasse dans le Village gai de Montréal. Dans le carré Champlain, j'y rencontrais de jeunes prostitués qui se « faisaient » des clients pour payer leur drogue. Je n'en consommais plus, mais je n'avais pas encore mis fin à des comportements qui, dans le passé, m'y avaient toujours ramené. Je m'étais vendu l'idée que je saurais enfin séparer sexualité et cocaïne.

Ce 1er juillet 1996, après avoir fait le tour du quadrilatère plusieurs fois en voiture, allongeant le cou à la fenêtre pour repérer quelque proie, je me garai boulevard René-Lévesque. La marche me permettait de mieux apprécier les tentations que m'offrait le trottoir et qui variaient d'une fois à l'autre. En ce soir chaud et humide, il y avait affluence. L'offre et la demande montraient un bel équilibre. Je prenais mon temps par respect pour mes critères élevés : petit, mince, mignon, charmant et un tantinet *bum*. À un prix raisonnable, 20 $ ou 40 $, à moins que le « produit » ne soit d'une qualité exceptionnelle. Ça restait à voir !

La nuit était tombée sur la ville. J'allais et venais, d'un mâle à l'autre, me gardant bien d'un choix trop impulsif. J'égrenais les pas et les minutes en retardant la satisfaction de mon plaisir… qui eut tout à coup un visage.

— Salut !
— Salut.
— Moi, c'est Jean-François.
— Moi, c'est Daniel.
— Quel âge as-tu ?
— 24 ans.
— Tu fais quoi ?
— Et toi ?
— Je cherche quelqu'un.
— Qu'est-ce que t'as le goût de faire ?
— Du bon sexe !
— Où ?

— Je ne sais pas.

— Chez toi ?

— Ce n'est pas possible, j'habite dans un presbytère.

— Alors, je connais un endroit. Tu viens ?

— O.K. Je te suis. Oh ! C'est combien ?

— 80 $.

— Ouais ! C'est beaucoup… Mais j'accepte. On y va.

C'est ainsi que se déroule, selon les règles de l'art, le dialogue entre un client et un prostitué. Bon contact : bonnes questions, bonnes réponses. Pas un mot de trop. L'essentiel, sans plus. Il a besoin de mon argent, j'ai le goût de son corps. Chacun en tire son profit. Daniel et moi, on était faits pour s'entendre.

Nous marchions en direction du lieu qu'il avait choisi quand, soudain, il mit son bras autour de mes épaules et me glissa à l'oreille :

— Tu me reconnais, Jean-François ?

— Non ! Pourquoi ?

— Ton ami Jean-Pierre ! J'étais son *chum* !

— Quoi ?

— C'est moi, Daniel ! Tu as même assisté à notre mariage !

— C'est pas vrai !

— Tu es bien Jean-François Bertrand, l'ex-ministre ?

Quel hasard ! Quelle surprise ! Quelle joie ! Ce superbe Daniel que j'avais tant désiré quand il ne m'appartenait pas. J'enviais Jean-Pierre qui se trouvait de si beaux mecs, et voilà que le destin m'offrait Daniel, coin Sainte-Catherine et Champlain. Merci, mon Dieu ! Je n'allais pas gâcher pareilles retrouvailles.

— Qu'est-ce que tu deviens ?

— J'ai laissé Jean-Pierre. Il n'acceptait pas que je me pique. Moi, j'avais le goût d'essayer ça.

— Tu vis où maintenant ?

— Bof ! À gauche et à droite.

Ce beau type, ses lèvres, ses yeux. Un corps aux formes excitantes. Je me souvenais de ce chalet à Sainte-Adèle où je l'avais vu, simplement revêtu d'un *boxer*. Désir réprimé. Jouissance refoulée. Et voilà qu'il était là, à ma portée !

— Donc, tu continues de prendre de la *coke* ?

— Bien sûr !

— Et ce soir, tu en veux ?

— Si tu en as, oui !

Quatrième thérapie. Des engagements solennels. La drogue ? Plus jamais. Dix semaines de bien-être et de bien-vivre. Une décision à prendre… Elle est prise. Je ne laisserai pas passer cette chance de m'éclater. Ma raison vient de me quitter. Ma volonté n'opère plus. Ma faculté de choisir est gelée. Je ne vois que lui et je renoue avec mes démons. Adieu sobriété, je te sacrifie sur l'autel de mes plaisirs.

— On peut en acheter où ?

— Là où on va.

Entre un club de danseurs nus et un bar de « mononcles » qui dansent entre eux, une toute petite porte. Je sonne. On ouvre. Il faut monter à l'étage.

— Une chambre, s'il vous plaît.

— C'est 20 $ pour quatre heures, 40 $ pour la nuit.

— La nuit, s'il vous plaît.

— Chambre 5, à gauche.

— Euh, vous en avez ?

— Quoi ?

— D'la poudre. Vous en avez ?

— Combien ?

— Disons, huit quarts ?

— Ce sera 200 $.

Sous le comptoir, le réceptionniste ouvre un tiroir et en sort une boîte. Il se met à compter les sachets jusqu'à huit. Je lui remets l'argent, il me remet la *coke*.

— Viens, Daniel.

— Quelle chambre ?

— La 5.

J'y étais enfin ! Prêt à tout. « Quelque diable me poussant… », je venais de franchir la porte qui mène en enfer, sans

18

savoir encore que j'allais y brûler. À ce stade, toute considération rationnelle et raisonnable s'efface au profit du *buzz* attendu. Les gestes sont rapides et impatients. Pour moi, un sachet vite ouvert. Quelques lignes dessinées. Un billet de 20 $ roulé. Snif, narine gauche. Snif, narine droite. Attente. Le plaisir s'en vient, la jouissance arrive. J'y suis. Pour lui, dans une cuillère, un mélange d'eau et de poudre blanche. Il en remplit sa seringue, en laisse sortir une petite quantité, se l'injecte dans une veine, y aspire son sang, et s'y renvoie le tout. Quelques secondes et c'est l'extase. Nous sommes tous deux dans notre paradis artificiel. Et le *fun* commence !

Sous l'effet euphorique de la cocaïne, j'entre inévitablement dans l'univers du sexe. Aucun tabou, aucune barrière. Un goût de nudité où je me retrouve à la fois voyeur et exhibitionniste. Découverte du corps, monde fascinant d'impressions et de sensations. Toucher. Caresser. Des doigts et des lèvres. Aller et revenir, et mille fois le refaire. M'émerveiller de tant d'érotisme et de sensualité. Sentir mon plaisir décuplé, centuplé ! Fesses et cuisses soyeuses qui appellent à la tendresse et à la douceur. Et ce pénis, autel de mes fantasmes. Provoquant. Je patauge dans ma jouissance. Je me délecte. Je *trippe*.

Et ce beau Daniel qui en redemande, torse bombé, jambes écartées. Et moi qui m'offre à lui :

— Vas-y, sers-toi, fais-en ce que tu veux…

— Hum… c'est bon !

— Vas-y. Continue. N'arrête pas…

Dieu existe, Dieu est bon !

Ce soir, il habite une triste chambrette dans un trou minable où l'œuvre de chair s'accomplit. Avec cette poudre blanche répandue, reniflée, injectée. Jean-François et Daniel se baisant de bonheur. Phallocrates. Égoïstes généreux. Le temps s'arrête. Ici et maintenant. L'obsession abusive et excessive de deux drogués qui s'éclatent sans limites.

— As-tu déjà essayé ça ?

— Quoi ?

— Te piquer.

— Non, jamais. Ça me fait peur.

— Ça ne fait pas mal du tout, et ça donne un méchant *buzz*!

— Non, j'ai trop peur des aiguilles.

— Essaye!

Je n'ai connu d'autre pratique de consommation de cocaïne que par le nez. Les veines? Ouf!

— Ça va faire mal?

— Tu ne sentiras rien.

— Je ne sais pas comment faire, c'est la première fois.

— Laisse-moi aller, je vais t'aider.

Il prend sa ceinture et l'entoure au-dessus de mon coude gauche en la serrant. Mes veines sont petites et fuyantes. Pas facile d'en trouver une qui ressorte bien. Il reprend sa routine habituelle, s'empare d'une seringue, la remplit de son mélange d'eau et de *coke*, puis cherche son chemin… Raté! Cherche de nouveau son chemin… Encore raté! Petites et fuyantes, vous dis-je. Ce n'est qu'après plusieurs tentatives infructueuses que l'aiguille trouve enfin la veine pour y faire couler son venin de cocaïne. Une vive chaleur me monte alors le long du bras jusqu'à la tête et court entre mes tempes; je sens comme un étau qui m'écrase le cerveau, lequel se remplit d'un plaisir qui n'a d'écho que son déplaisir. Puis vient soudainement et brusquement l'horrible sensation de la fin. De la vraie fin. De la mort.

Quand on se *shoote* pour la première fois, qu'on ne connaît presque rien de la cochonnerie qu'on s'injecte, qu'on ne sait rien des quantités qui tuent, on découvre avec stupeur qu'un tout petit peu est déjà trop et que ce «trop» peut tout nous enlever, même ce à quoi on croit tenir le plus: la vie.

La mort m'avait toujours effrayé. Non pas parce que je souhaitais l'éviter, mais parce qu'elle demeurait pour moi un tel mystère que je préférais avoir à y faire face debout, la tête haute. Mais mourir comme ça, là, en pleine déchéance, dans l'indignité totale? Non. Car, dans le tourbillon affolant de mon cerveau arrosé de douleur, j'assistais impuissant au pire des départs. Toutes ces seringues éparpillées pêle-mêle et, sur le sol, un début de cadavre, le mien, que seule la présence d'une autre personne réussit à sortir de sa torpeur à coups de jets d'eau, de serviettes froides et de paroles apaisantes.

Et pendant tout ce temps, le sol qui fuyait sous mes pieds, les murs qui me tombaient dessus, ma tête qui virevoltait et cherchait désespérément à reprendre ses esprits. Quinze longues minutes qui passèrent et s'achevèrent comme si la mort, cette fois-ci, me rejetait et me renvoyait à mes problèmes. Mes sens se réanimèrent lentement et, avec leur retour à la vie, s'évanouissaient les tragiques instants qui auraient pu m'être fatals.

Je venais, comme on dit, de passer à travers, à défaut de passer à trépas. Ce ne fut qu'un des épisodes, le pire, des quelque vingt-quatre heures consécutives d'intraveineuses qui donnèrent à mes deux bras l'allure d'un véritable champ de bataille. Ces bras aux dizaines de piqûres, dont si peu avaient touché leur but. Mauves, jaunes, rouges, verts, noirs, éclatés et boursouflés. Veines détournées. Des épaules aux poignets. Scène d'horreur, spectacle désolant. Pour ces quelques secondes d'euphorie qui vous donnent de façon artificielle, illusoire et éphémère une certaine sensation de bien-être et de bonheur.

Et malgré cette mort dont j'ai entrouvert la porte, l'audace de continuer pour éviter la souffrance, la honte, le remords et le regret. Accepter de défier le destin, refuser d'abdiquer.

— Il t'en reste ?

— Non. Toi ?

— Non.

Serviette autour de la taille, retour à la réception. Je ne sais plus ni l'heure ni le jour. Il fait encore nuit.

— Six autres quarts !

— 150 $.

— Merci.

Et vogue la galère ! On se défonce, on s'enfonce. Les mêmes gestes, les mêmes actes. Le même rituel cent fois répété. L'effet diminue, le plaisir aussi. Mais il faut aller jusqu'au bout. En sachant qu'au fond du fond du fond, il n'y aura que le vide, le néant, et surtout, une immense souffrance. Et c'est pour la repousser le plus loin possible que je dépenserai plusieurs centaines de dollars, refaisant, aller-retour, le trajet entre ma chambrette et la réception. Cul, *coke*, *coke*, cul. Cul, *coke*, *coke*, cul.

Jusqu'à ce qu'il n'y en ait plus. Plus d'argent, plus de *coke*, plus de sexe, plus rien. Plus rien que deux drogués, cadavériques, allongés dos à dos, inertes.

— Il t'en reste ?
— Non, rien.
— T'as pas de cartes ?
— Non, aucune.
— Tu es sûr ?
— Oui.

Voilà, c'est la fin. Et la douloureuse période du dégel commence. Une journée durant, ces corps auront ingurgité plusieurs grammes de cocaïne de la façon la plus destructrice qui soit.

Tous deux profondément intoxiqués, il nous fallait maintenant affronter l'affreux « manque » : souffrir d'en vouloir encore, mais ne plus en avoir.

— Tu ne connais pas quelqu'un ?
— Non.
— Tes frères ? Tes sœurs ?
— N'y pense pas.
— Tes amis ?
— Oublie ça.

Silence. Souffrance.

Nous n'avons plus rien qui nous retient ensemble. Nous ne sommes arrivés là que pour le *trip*, et voilà que le *party* est terminé. Mon esprit et mon corps ne répondent plus. Le plaisir disparu, tout s'éteint. Pendant que s'installe progressivement le *down*, caverneuse dépression où le mal du corps cède le pas au mal de l'âme. « Regarde-toi, Jean-François. Tout est encore à recommencer. Ta décision d'arrêter, tes sept semaines de thérapie, tes dix semaines d'abstinence, et encore une rechute, la pire de toutes. Regarde-toi, terriblement meurtri à défaut d'être mort. »

Nous ne trouvons pas le sommeil. Il fait jour.

— Bah ! Si c'est comme ça, moi, je m'en vais.

Daniel se leva. Sans les artifices euphoriques de la drogue, je n'aimais plus sa nudité. Il enfila son pantalon rapidement, puis son tee-shirt, sauta dans ses souliers, et sans me saluer, oubliant même de se faire payer, il déguerpit. Je me retrouvai fin seul. Terriblement seul avec moi-même. Je jetai un regard autour… La lumière du jour rendait le décor encore plus triste : les draps arrachés du lit, les seringues souillées que nous avions partagées, mes vêtements chiffonnés, les sachets de poudre répandus partout. C'était lugubre et désolant.

J'eus du mal à sortir du lit et à m'habiller. Je ne sentais plus mon corps. Et ces bras bombardés, quelle horreur ! Que faire maintenant ? Où aller ? Plus un sou pour retourner au presbytère. De peine et de misère, je me remis sur mes deux jambes, marchai vers la porte, l'ouvris, jetai un dernier regard misérable en arrière, et partis. Dehors, sur le trottoir, je ne vis pas la beauté de l'été. La chaleur m'agressait. J'étais tout en frissons, et pourtant, je portais un chandail à manches longues pour cacher mes laideurs. J'avançais difficilement. Le soleil semblait marquer la fin du jour.

— Taxi !

La voiture s'arrête, je m'y réfugie.

— Clinique du Nouveau Départ, coin Sherbrooke et Cartier, s'il vous plaît.

— Bien, monsieur.

J'y retournais donc. En très piteux état et rempli de honte. Humilié de devoir faire face aux personnes qui m'avaient tant aidé, et d'avouer ma défaite. Mon orgueil allait en prendre tout un coup. Moi, le p'tit gars intelligent qui avait tout compris et qui se gardait du temps pour sauver les autres ! Moi qui trônais sur ma nouvelle vie avec fierté, croyant m'être libéré de mes chaînes ! Moi qui avais retrouvé ma dignité d'être humain et l'admiration de mes proches ! Vous savez quoi ? J'avais mal. Mal du mal qui me rend malade.

— Voilà. On y est, monsieur.

— Combien ?

— 6,75 $.

— Attendez-moi, je reviens tout de suite.

Je montai à la clinique.

— Excusez-moi, Anne est ici ?

— Un instant, je vais la prévenir.

C'est une femme formidable, Anne. Une amie. Elle dirige la clinique comme sa vie : sensibilité, humanisme, générosité, intelligence et, ma foi, toute la force et la fermeté requises dans un établissement où se présentent des gens comme moi… Pas évident !

— Mon beau Jean-François, que s'est-il passé ?

— J'ai rechuté, Anne.

— Viens. (Se tournant vers la réceptionniste) Prévenez Gilles.

Gilles a été mon thérapeute. Acadien d'Acadie acadienne (sic !), il n'a ménagé aucun effort pour m'accompagner dans ma démarche de rétablissement. Gilles ? Un doux. Un aidant naturel d'un dévouement illimité. Adoré.

Anne m'amena rapidement dans le bureau du « bon docteur ». Gilles nous y rejoignit. Je n'eus même pas le temps de m'asseoir.

— Montre-nous ça.

Tous trois voyaient bien l'état lamentable dans lequel je me trouvais et soupçonnaient, pas fous, que ce gros chandail à col roulé et à longues manches, en plein été, cachait quelque chose. Démasqué, embarrassé, lentement je retirai le chandail. Je vis dans leurs mines défaites le visage de leur stupeur. Leurs yeux me disaient leur propre tristesse et leur propre souffrance. Ni beau à voir ni bon à vivre.

Le « bon docteur », sûr de lui, comme d'habitude, n'hésita pas.

— On lui fait tout de suite une piqûre, puis, repos total à l'auberge.

Anne et Gilles sont encore sous le choc. Et pourtant, ils en ont vu. Mais voilà, c'est Jean-François et ils sont sonnés. Je sens, dans leur désarroi, tant de douceur et de tendresse. Encore une fois, et malgré moi, ils vont m'aider et m'aimer. Je suis déjà moins seul.

On ne traîna pas. L'infirmière me piqua, on m'amena à ma chambre, on m'étendit sur mon lit, et je m'endormis. Profondément.

Après quelques jours, il m'arriva de faire de l'insomnie. Curieusement, le goût me prit d'écrire. Encore confus, abasourdi, je couchai sur papier quelques réflexions sur ma vie. Pendant que je purgeais mon temps de désintoxication, je sentais en moi une grande fébrilité. Ni mon corps ni mon esprit n'avaient encore dissipé la brume dans laquelle je continuais de flotter. J'arrivais de loin. J'arrivais de creux.

Une de ces nuits blanches, j'adressai un mot à mes amis toxicomanes :

« Là où je suis maintenant, malgré tous les bons soins qu'on me prodigue, toute l'écoute qui libère mes paroles, toute l'attention généreuse et chaleureuse qui m'enveloppe, j'ai le sentiment que ma dernière rechute est venue ternir mon bel élan et mettre en péril mon nouveau départ. Si tu me voyais en ce moment, à 4 h 30 du matin, insomniaque, dans ma petite chambre, sans aucun artifice (un lit, une table, pas de chaise), tu croirais que je suis au bout de ma vie. Détrompe-toi, mon ami : je suis encore une fois, après quatre thérapies, après des dizaines de rechutes, après quelques pensées suicidaires, au recommencement de ma vie. À tenter de me connaître, de m'accepter et de m'affirmer. À toucher ma souffrance et à l'extirper. À laisser monter mes émotions et à les exprimer. À être moi-même. À m'aimer… »

Oh, j'oubliais ! Le taxi fut payé !

CHAPITRE 2

Au début était le commencement

Je suis né le 22 juin 1946, à 8 h 45. Quelqu'un m'a tapoté les fesses. J'ignore pourquoi ce geste m'a fait pleurer, il allait tant me faire jouir plus tard ! On a vite constaté que j'avais tous mes morceaux et que j'allais vivre. Cela fait 56 ans que ça dure : les spécialistes ne s'étaient pas trompés. Je fis sans doute le bonheur de mes parents que j'appelais « papa » et « maman ». J'appris plus tard qu'ils avaient déjà vécu avant moi et qu'en fait, ils s'appelaient, lui, Jean-Jacques, fils de Bernadette et Lorenzo Bertrand, elle, Gabrielle, fille de Juliette et Louis-Arthur Giroux.

J'étais le deuxième d'une famille de sept enfants. Andrée m'a précédé d'un an. Ont suivi Suzanne, Pierre, Louise, Louis-Philippe et Marie. Ma mère, dont chaque maternité avait été difficile et douloureuse, pensa se faire avorter lorsqu'elle porta Pierre. Pour notre plus grande joie, elle accepta de souffrir encore… Le pauvre, il en resta marqué, car il n'arriva jamais à peser dans les trois chiffres ! Cette famille devint un clan tricoté serré. Aujourd'hui encore, malgré le départ de nos parents, nous veillons fraternellement les uns sur les autres.

Je pourrais m'arrêter là tellement je ne garde aucun souvenir précis et particulier de mon enfance. Foutus psy qui nous enseignent que l'essentiel se joue avant six ans. En tout cas, je ne me souviens pas de mes premières années de vie. Ma mère m'a-t-elle nourri au sein ? M'a-t-on cajolé ? Ai-je surpris mes parents en train de faire l'amour ? M'a-t-on privé ? M'a-t-on dit que j'étais fin ? M'a-t-on aimé ? Seules quelques photos me représentent, l'allure grassouillette et l'air coquin. Ma foi, peut-être n'ai-je eu qu'une enfance heureuse et, par conséquent, sans histoire ?

On m'a bien sûr raconté quelques anecdotes. Ainsi, tante Suzanne, qui me gardait à l'occasion, s'est rappelé m'avoir surpris plusieurs fois à lancer sur le mur ce qu'elle s'attendait à trouver dans ma couche… Voilà le genre de mauvais comportement qu'on aimait me remettre sous le nez ! Ma mère, plus visionnaire, s'attendrissait au souvenir du spectacle que j'offrais quand, à l'âge de quatre ans, je montais sur une chaise pour entonner le *Ô Canada*. C'était avant que j'atteigne l'âge de raison, bien entendu ! Bref, peu de choses importantes : quelques faits divers, sans liens entre eux, pour illustrer le peu de cas que je fais de cette période.

Les six autres années, jusqu'à l'âge de douze ans, se résument aussi à peu de choses, mais elles apparaissent tout de même comme une ébauche de ce qu'allait être le futur adulte. Côté cour, le communicateur inventif et créatif, animé voire théâtral ; côté jardin, le solitaire, renfermé et songeur, en proie aux rêveries et aux fantasmes.

Petit homme en devenir, j'évolue dans un milieu tout simple. Je grandis à Sweetsburg, un village qui ne comptera jamais plus que quelques centaines de personnes et qui sera plus tard annexé à son voisin, Cowansville. Les noms de ces villages évoquent leurs origines : les *Eastern Townships* ont été peuplés par des Loyalistes fidèles à la Couronne britannique, qui avaient fui les États-Unis au moment de la guerre d'Indépendance. Les Cantons-de-l'Est sont leur berceau. Région d'abord peuplée par les Indiens Abénaquis, elle vit les Loyalistes s'y installer, puis les Irlandais et finalement les Français. Aux XIXe et XXe siècles, sa population, qui avait été massivement anglophone, devint majoritairement francophone. Mais la cohabitation des deux peuples, fondée sur la bonne entente, ne disait pas toute la vérité sur l'ascendant qu'ont continué de maintenir les anglophones établis là depuis des générations et qui détenaient les commandes de l'économie et des finances. Notre famille fit ses classes politiques sur ce fond d'histoire, ce qui donna lieu, ma foi, à de joyeux débats !

Parce que mon père est devenu premier ministre du Québec en 1968, on a toujours pensé que c'est de lui que me vient mon héritage politique. Ce n'est vrai que partiellement. Jean-Jacques Bertrand est né dans les Pays d'en haut, à Sainte-Agathe-des-Monts, dans une famille humble et modeste. Son père était chef de gare après avoir été aiguilleur, effectuant le changement des voies pour le passage des trains et travaillant à même les tours de bois d'antan. Je n'ai pas connu mon grand-père paternel, pas plus que mon grand-père maternel d'ailleurs. En pensant à leur décès prématuré me vient une impression de présence perdue dont je mesure à présent pleinement l'importance. Cette absence, c'est un grand trou laissé dans la transmission de l'être et du savoir, c'est le chaînon manquant de mon éducation d'homme.

Mon père, sous la bénéfique influence de ses parents, cultiva des valeurs humaines et spirituelles élevées. Il était, dans le plein sens du terme, un homme intègre, droit. D'une grande intelligence, il s'intéressa rapidement aux affaires de la nation, mena de brillantes études universitaires et devint avocat. Avec son confrère et ami Jean Drapeau, il s'engagea dans de magistrales joutes oratoires estudiantines que tous deux remportaient toujours haut la main ! À cette époque, ils tâtèrent ensemble de la politique avec le Bloc populaire, sans plus. Jeunes diplômés, il leur fallait d'abord se faire une clientèle.

J'imagine comment cela a pu se passer. Au bureau du doyen de la faculté de droit de l'Université de Montréal, le téléphone sonne :

— Monsieur le doyen, ici Me Louis-Arthur Giroux.

— Maître Giroux! Quel plaisir de vous entendre! Que puis-je faire pour vous?

— Écoutez, monsieur. Mon étude se développe, ici, dans les Cantons-de-l'Est, et je ne détesterais pas engager un jeune avocat qui accepterait de pratiquer en milieu rural.

— N'allez pas plus loin. Je crois avoir votre homme. Il est studieux et travaillant, il s'appelle Jean-Jacques Bertrand. Je vous l'envoie. Vous ne serez pas déçu!

« Si j'avais su, j'aurais pas venu… », a peut-être pensé mon père plus tard, en secret. Car il ne pouvait deviner à ce moment que son destin allait se trouver fixé aux Giroux pour le reste de ses jours. En effet, c'est de ce côté-là que vint l'essentiel de la culture politique dont mon père et moi allions nous nourrir jusqu'à en être intoxiqués. Un tantinet aristocratique, fondamentalement conservatrice, la famille Giroux qui n'était pas du genre à lâcher sa proie, vit sans doute dans le petit nouveau un candidat qu'elle pourrait façonner à son image!

Le patron, Louis-Arthur, après s'être bâti une solide réputation, avait roulé sa bosse dans les milieux influents de Québec, y devenant secrétaire particulier du Lieutenant-gouverneur et, vers la fin de sa vie, conseiller législatif au Parlement, fonction honorifique qu'un certain Jean-Jacques Bertrand allait abolir plus tard — pardonnez-lui, grand-père! Mon arrière-grand-père n'était pas en reste: à l'époque où le Parti libéral dominait outrageusement la scène fédérale, il s'endettait pour financer ses campagnes électorales avec le Parti conservateur, allant même, après l'inévitable défaite, jusqu'à hypothéquer sa maison pour rembourser ses prêteurs. Aux élections suivantes, le même manège reprenait. Le pauvre homme!

Toute ma jeunesse a baigné dans cette atmosphère de discussions et de débats passionnés où l'objectif pour les Giroux, à Ottawa comme à Québec, était d'abattre les « rouges ». Pour mon père, qui descendait d'une famille libérale, c'était un gros morceau à avaler! Sans compter que la fille du *boss*, Gabrielle, reluquait ce beau jeune homme. Elle se cherchait un candidat, dans tous les sens du mot. «Qui prend mari prend pays», a-t-on l'habitude d'entendre. Dans le cas qui nous occupe, c'était plutôt: «Qui prend femme prend parti!»

La légende, urbaine et rurale, voulait que papa soit un chaud lapin... On pourra dire de moi que j'étais bien le fils de mon père! Quant à Gabrielle, femme particulièrement compétitive, elle mena sa campagne pour s'assurer d'être l'heureuse élue, invitant même son propre père à y participer:

— Alors, Jean-Jacques? Ma fille, tu la veux ou tu la veux pas? demanda-t-il un jour, sur un ton qui forçait la décision.

Toujours est-il que, peu de temps après, et à l'arraché (la rumeur a la couenne dure!), ils unirent leurs vœux, se marièrent, et eurent de nombreux enfants. Cet homme et cette femme fort différents allaient franchir, en moins de vingt-cinq ans, toutes les étapes qui mènent au pouvoir et à la gloire. Sans Gabrielle, Jean-Jacques ne l'aurait jamais désiré; sans Jean-Jacques, Gabrielle n'y serait jamais parvenue. C'est une histoire dans laquelle, derrière un grand homme, une femme tira les ficelles, jusqu'à ce qu'elle l'entraîne, lui, là où elle souhaitait se rendre. Il m'a fallu beaucoup de temps pour saisir l'importance du rôle de ma mère dans le façonnement de nos destins, celui de papa et du mien. Pour le meilleur et pour le pire, leur avait dit monseigneur l'évêque!

En 1948, le premier ministre Maurice Duplessis cherchait un candidat pour le comté de Missisquoi. Venu pour inaugurer un pont, à la suggestion de M. Giroux, il vint rencontrer mon père.

— Monsieur Bertrand, on me dit du bien de vous! Que diriez-vous de vous présenter sous les couleurs de mon parti? Je me cherche de jeunes hommes brillants. Vous semblez l'être...

— Merci, monsieur le premier ministre. Mais je dois y réfléchir: je ne pratique que depuis quelques années et j'ai encore beaucoup à apprendre. Et puis, j'ai trois très jeunes enfants auxquels ma femme et moi devons consacrer beaucoup de temps.

— Ne répondez pas tout de suite. Pensez-y ! Pensez-y !

— J'y penserai, je vous le promets.

C'est ce que fit mon père. Après quelques jours, il rédigea un télégramme à l'attention de M. Duplessis. Mon père ne laissait jamais traîner les choses.

Monsieur le Premier Ministre,

Je vous remercie de m'avoir considéré comme un candidat potentiel pour l'Union nationale dans Missisquoi. Je m'en suis senti honoré. Mais, tout bien considéré, en tenant compte de mes obligations familiales et professionnelles, je dois décliner votre invitation. Peut-être me sera-t-il donné d'y acquiescer une prochaine fois.

Jean-Jacques Bertrand

Avant d'envoyer le message, il le soumit à ma mère. Elle le lut et décida qu'ils ne pouvaient laisser passer — autant elle que lui — une si belle occasion.

— Hummm… Que dirais-tu si on se donnait encore quelques jours pour en parler ?

— Gaby, c'est tout réfléchi.

— Jean ! Le premier ministre te demande. C'est toi qu'il veut. Tu ne peux pas lui refuser ça ! ?

— Oui, mais mon travail ? Les enfants ?

— On va s'arranger. Tu vas voir. Je serai là avec toi.

Et elle y fut… Quelques jours plus tard, mon père jeta le premier télégramme et en écrivit un autre, qui se lisait à peu près comme suit : « C'est bon. J'accepte. Mais laissez-moi mes dimanches pour ma famille. »

Alea jacta est !

Ma mère ne le regretta jamais…

Cette année-là, Ti-Jacques, comme l'appelaient affectueusement ses électeurs, devint député unioniste du comté de Missisquoi. Il fut réélu cinq fois. Il occupa d'importantes fonctions ministérielles : Terres et Forêts, Jeunesse et Instruction publique, Justice et Éducation, avant de devenir premier ministre, à la mort de Daniel Johnson en 1968. Cinq ans plus tard, le 22 février 1973, il mourut à son tour après un quart de siècle de service public. Il avait l'âge que j'ai aujourd'hui, 56 ans. Ça fait réfléchir.

Depuis deux mois, je vis au-delà de son âge, avec le sentiment d'ajouter du temps à sa vie, un peu comme si je pouvais ainsi la prolonger. Ça me fait tout drôle de penser que je suis à présent plus âgé que mon père. Cet homme, que je souffre de n'avoir pas suffisamment aimé jadis, je l'admire aujourd'hui. Il était réservé et profond, sans doute torturé et déchiré. Tendu, il fumait beaucoup… beaucoup trop. Il détestait la bêtise humaine et ne s'entourait que de très rares amis dont il goûtait la simplicité et l'humour. La « petite politique » lui puait au nez. « Il faut avoir l'esprit de patrie, et non l'esprit de parti ! », aimait-il répéter pour manifester son dégoût de la partisanerie. René Lévesque et lui, pourtant adversaires politiques, menaient un même combat pour abolir les vieilles caisses électorales qui ouvraient la porte au patronage et au régime des « petits amis ». Vrai démocrate et excellent parlementaire, il commandait le respect autour de lui. On ne lui faisait qu'un seul reproche : « Jean-Jacques ? Il est trop bon ! » C'est tout dire !

Ma mère veilla au grain durant toute sa carrière, prenant grand soin de l'aider à gravir tous les échelons qui le menèrent au sommet. À chaque étape, il eut un prix à payer. Deux ans seulement après avoir été élu député, mon père sombra dans une grave dépression qui l'obligea à être hospitalisé à Boston. À cette époque, les députés ne recevaient qu'un maigre salaire, puisque la plupart d'entre eux continuaient de pratiquer leur profession, ou de s'enrichir grâce à des pots-de-vin… Avocat de campagne, mon père fit face à un pénible problème : les citoyens qui venaient le voir à son bureau ne se sentaient pas l'obligation de payer l'avocat puisque, dans leur esprit, c'est le député qu'ils venaient consulter ! Ce régime eut tôt fait de placer papa dans une situation financière délicate, d'autant plus qu'il ne pouvait espérer voir Duplessis délier les cordons de la bourse pour améliorer le sort de ses députés.

Comme mes frères et sœurs, j'étais trop jeune pour comprendre les raisons pour lesquelles mes parents, ma mère en particulier, nous tenaient loin de tout ça. Nous, les enfants, ne posions pas de questions. L'aurions-nous fait que nous n'en aurions pas su davantage. L'intimité que mes parents partageaient était leur jardin secret. Leur leitmotiv, ce « il ne faut pas que les enfants sachent », servirait, pensaient-ils, à nous protéger. Mais il n'eut d'autre résultat que de bloquer la communication et d'empêcher les échanges sur les vraies « affaires ». Je ne leur tiens pas rigueur de nous avoir tenus à l'écart pour ne pas laisser les « affaires de l'État » aliéner notre développement. Il reste que nous avons souffert d'une profonde difficulté à entrer en contact les uns avec les autres pour partager nos joies et nos peines, nos réussites et nos échecs, et surtout, notre quête d'identité dans un milieu social où la politique nous enlevait nos parents. Je me rends compte de la grande privation affective qui fut la mienne en voyant mon père et ma mère happés par « les autres ». Je le dis pour moi, quoique, dans la sensibilité et la générosité de nos échanges, mes frères et sœurs m'ont souvent fait part de semblables sentiments.

J'évoquerai à mots feutrés la place qu'occupa maman dans ma vie. Femme de caractère, déterminée et persévérante, volontaire et visionnaire, elle se fixait des buts et les atteignait. Elle n'avait pas froid aux yeux ; sous des dehors fragiles, on découvrait un aiglon, toutes griffes sorties ! Héritière d'une tradition familiale d'un intense engagement politique qui remontait à sa grand-mère paternelle – laquelle haranguait les foules sur le parvis de l'église à la sortie de la messe, et ce à l'époque où les femmes n'avaient même pas le droit de vote –, ma mère commençait à cultiver les qualités qui auraient pu en faire un grand premier ministre. Hélas, les mœurs politiques de cette époque n'offraient pas une telle perspective. Qu'à cela ne tienne, elle le deviendrait malgré tout… grâce à Jean-Jacques ! Et quand celui-ci mourut, ce fut grâce à Jean-François ! Autrement dit, maman s'était placée derrière deux hommes et les avait influencés pour satisfaire ses propres ambitions.

Après que son mari eut fait de la politique pendant vingt-cinq ans et son fils pendant neuf ans apparut, sur le tard, à 62 ans, la plus naturelle et la plus accomplie des politiciennes, madame la députée Gabrielle Giroux-Bertrand. Enfin ! Finis les seconds rôles, finis les jeux de coulisse ; voilà qu'elle évoluait en pleine lumière, rayonnante et splendide et, comme on dit familièrement, « dans son élément ! ». Oh, Dieu, que n'eusses-tu fait avancer plus rapidement la cause des femmes pour qu'elle eût sa place en avant ! Mais, sans son appui, qui serions-nous devenus, papa et moi ? Lui, comme l'écrivait Bernanos de son curé, un heureux avocat de campagne ? Moi, un littéraire ? Un professeur ? Un comédien ? La gloire de mon père dans le château de ma mère ? Je constate aujourd'hui à quel point nos vies d'homme ont été déviées à cause d'une société en manque d'égalité. Que de femmes furent frustrées et castrées dans leurs rêves et leurs désirs ! Par respect pour nous-mêmes, hommes, laissons-les réaliser leurs légitimes ambitions !

En revanche, je dois admettre que l'exemple de mes parents servait plutôt bien le désir que je caressais d'aller goûter à la politique. À force de baigner dans l'atmosphère de ce monde palpitant, j'ai développé des réflexes et j'ai fini par me laisser emporter dans ce tourbillon de fébrilité. On pourra dire en souriant que j'étais « tombé dedans quand j'étais tout petit » ! M'amusent encore ces quelques anecdotes de mes toutes premières « participations » au débat public.

En 1956 se préparent des élections générales au Québec. J'ai 10 ans. Devant chez moi, des « ennemis » de mon père installent des affiches sur les poteaux, en faveur du candidat « rouge » du comté. Qu'à cela ne tienne ! Du haut de mes un peu plus que trois pommes, je me mets à les invectiver :

— Ici, ce n'est pas rouge, c'est bleu ! Et ce n'est pas Lapalme qui va gagner, mais mon père, Bertrand !

Comme de fait, papa gagna ! Quel flair !

Ou cette autre… Devant notre maison, la route était en terre. Un certain midi, alors que je m'amusais à lancer des roches en direction des voitures, une plus grosse atteignit sa cible et une automobile s'arrêta brusquement. En sortit, furieux, un monsieur tiré à quatre épingles. Il me poursuivit, m'empoigna et me sermonna :

— Petit gamin ! Vois-tu ce que tu viens de faire ? Tu n'as pas honte ?

L'automobiliste, plié à genoux afin de pouvoir me regarder droit dans les yeux, me tenant fermement les deux bras, ne vit pas immédiatement ce que la frayeur avait fait s'écouler de mon pantalon et qui longeait mes mollets et inondait ses chaussures… Il fallait voir ses yeux quand il s'en rendit compte ! Il marmonna, essuya prestement ses souliers, et poursuivit son chemin. Peu de temps après, j'appris que cet homme était le candidat rival de mon père, un « méchant » libéral qui voulait lui voler son poste de député au Parlement. Je venais de signer là mon premier éditorial politique !

Dans les années suivantes, quand j'acquis la sagesse et la maturité du collégien, j'écoutais des heures durant les enregistrements des discours de papa que je prenais plaisir à analyser et à répéter. Mon père, qui avait l'art de haranguer les foules, m'avait légué ce don qui allait devenir plus tard un de mes grands atouts : l'éloquence !

Mais revenons à maman. Cette femme, cette mère, qui n'a été pour moi ni une amie ni une confidente mérite mon respect et ma compréhension. Et j'ai pour elle, comme pour mon père, une grande admiration ! Car, au-delà de ses pernicieuses tentatives d'influence, il me reste le souvenir d'une femme émerveillée par la beauté du monde, curieuse de tout, ensorcelée par la nature et la musique dont elle dira, sur son dernier lit, qu'elles la rapprochèrent davantage de Dieu que tous les enseignements religieux. Une goûteuse de vie, audacieuse et téméraire, à l'occasion rebelle et provocatrice, dont j'oserai dire qu'elle rajeunissait avec l'âge. Un phare de joie de vivre pour ses enfants et ses petits-enfants !

Le couple formé par mes parents fut ma référence dans ma quête d'identité : les deux faces de Janus de mon existence. Déchiré entre un père et une mère si dissemblables, je fus incapable de les concilier et de les réconcilier en moi. Oscillant toujours entre deux modèles, laissant vivre l'un au détriment de l'autre. Incapable de choisir et de trancher. Fallait-il le faire ? Fallait-il en rejeter un pour mieux accepter l'autre ? Quelle ambivalence ! Cette tourmente de sentiments contradictoires m'accompagna jusqu'à ce que je craque de toutes parts et qu'il soit trop tard.

Je me demande souvent pourquoi je n'ai pas pleuré, ni à la mort de mon père ni à la mort de ma mère. Fils ingrat ? Certes pas. Insensible, inhumain ? Non plus. Alors, pourquoi ? Peut-être parce qu'il n'y a pas eu de deuil, que mes parents ne m'ont jamais quitté, qu'ils sont encore là, présents. Réunis par un dialogue silencieux entre défunts et vivants dans lequel je tente, tant bien que mal, de faire la part des choses, de séparer le bon grain de l'ivraie, et surtout, de faire la paix. Comme si leur départ me donnait droit à une nouvelle naissance : une harmonie rétablie entre Jean-Jacques, Gabrielle et Jean-François. Enfin ! Et cela, à présent, dans le respect de mon intégrité. Je le sais, je le sens : le temps de pleurer aura son heure.

Cette tourmente intérieure m'a longtemps paralysé. Je me souviens d'un anniversaire, au cours de ma quarantaine, quand ma mère, me remettant carte et cadeau, m'adressa une remarque qui me figea :

— Jean-François, tu ne sembles pas content de vivre. On dirait que tu regrettes d'avoir eu la vie.

Ouf ! C'était tout un coup dans l'estomac. Je ne m'y arrêtai pas tant l'affirmation me parut grosse. Avec le recul, je lui trouve beaucoup de richesse, de la justesse aussi. Maudite intelligence qui me fait dévier du plaisir de vivre ! Toujours, cette recherche insatiable du « pourquoi » des choses et des gens, qui m'emporte à la dérive. Que d'énergie mal dirigée à me torturer de questions plutôt que d'accueillir et de bénir toutes ces belles réponses du temps présent, simple et vrai !

Voilà comment j'étais. Je sortis de ma jeune jeunesse sous les traits de l'ambivalence : publiquement joyeux, affable, dynamique ; privément renfermé, songeur, solitaire. Côté mère, côté père ! Les feux de la rampe contre la grisaille de l'âme. Essayant en même temps d'occuper l'avant-scène et de me cacher derrière les rideaux. Ombre et lumière. Acteur et spectateur. Et toujours, ce questionnement, récurrent et maladif, qui demeurait sans réponse. Vais-je donc passer mon existence à me tourmenter ? Et mourir sans avoir su vivre ?

« Tiens ! Notre penseur de Rodin ! », me lançait mon père lorsqu'il me voyait arpenter la maison, de pièce en pièce et de long en large, faire les cent pas. Et cette sauvage solitude que j'adoptais pour me soustraire à mes parents, à mes frères et à mes sœurs : que d'acrobaties pour m'isoler et me plonger dans le gouffre de mes angoisses ! Et le bruit, l'obsession de ce fameux bruit qui me castre et me prive encore aujourd'hui de toute vie affective. Cette douleur-là mérite d'être racontée tellement elle me déroute.

Aussi loin que je peux retourner dans mon enfance, le premier souvenir que je garde de cette phobie me montre, à table, entouré des membres de ma famille, les jointures pressées contre les deux oreilles pour ne pas entendre les bruits de ces bouches qui mangent, qui croquent et qui parlent. Je ne saurais comptabiliser les efforts que j'ai mis à tenter d'expliquer et de comprendre un pareil comportement. Pendant une bonne dizaine d'années, je me suis promené de cabinets de psychologues en bureaux de psychiatres et de psychanalystes, spécialistes qui ont tous dû admettre leur impuissance à résoudre le problème. Quelle affaire !

Dire comment ma vie s'en est trouvée perturbée est peu de choses : mon drame tenait de la folie ! Je n'étais pas sensible à n'importe quel bruit, mais seulement à celui des êtres humains. Et pas n'importe lesquels : ceux de mes proches. Ceux qui comptent, ceux que j'aime. Ce bruit qui m'était insupportable, je l'utilisais comme un catalyseur et l'érigeais en système de défense pour me protéger contre l'envahissement de mon intimité. Un bruit qui disait : défense d'entrer. Un bruit qui voulait repousser l'agresseur. Un bruit qui provoquait ma fuite et mon repli. Un bruit qui me castrait dans mes désirs d'aimer et d'être aimé. Quelle privation !

Y a-t-il un traumatisme derrière tout ça ? Une scène, un geste, une parole ? Cherchez tant que vous voudrez, moi je n'y ai jamais rien compris, n'y comprends toujours rien, et refuse maintenant d'essayer d'y comprendre quoi que ce soit. J'ai renoncé, depuis mon divorce, à toute vie de couple. Je m'y refuse, pour mon bien comme pour celui de l'autre. Défaitisme et fatalité ? Et alors ! Aujourd'hui, j'accueille et je bénis ma solitude. *Amen* !

Voilà donc à peu près à quoi je ressemble au moment de terminer cette étape de ma jeunesse, tout juste avant de quitter le cocon familial pour l'univers fascinant du pensionnat dans un collège classique ! Qui suis-je alors ? Un garçon bien mis, bien élevé, fort en classe, fort au jeu. Un fils qui hérite d'influences parentales et qui ne sait pas encore qu'elles se complètent autant qu'elles se contredisent. Un être ambivalent qui oscille entre les pôles de l'être et du paraître, entre le « M'as-tu vu ! » et le « Pousse-toi ! ». Un sensible qui explore ses premiers instincts dans le doute et le secret, en cachette.

Car s'il est vrai que les choses sérieuses ne commencèrent que plus tard, c'est au milieu d'autres enfants que je sentis monter mes premières pulsions quand nous jouions au docteur. Combien de rencontres corsées et sucrées au sommet de la grande glissade de bois érigée dans la cour arrière ! Et j'avoue qu'entre la grosse Linda et le beau François, les fesses de ce dernier me firent plus d'effet que les seins de l'autre ! J'ajouterai que, lors de l'organisation de nos combats de lutte, j'affectionnais particulièrement les prises qui sollicitaient des touchers, disons… un peu déplacés. J'aimais ! Sans deviner que s'installait déjà en moi une orientation que rien n'allait contredire plus tard, bien au contraire.

J'avais 12 ans, j'étais mêlé, je me cherchais.

CHAPITRE 3

Petit ministre rencontre petit prince

Je suis entré au collège classique… par la porte de l'infirmerie ! Ce sera ma première réaction psychosomatique à l'impressionnant défi qui se présente : le saut dans l'inconnu. J'ai la trouille, voilà pourquoi je me retrouve à la garderie des trouillards pour quelques jours ! Mettez-vous à ma place : je quitte le confort douillet du domicile familial laissant derrière moi frères, sœurs et parents, la grosse Linda et le beau François, ma rivière et mes sous-bois, Théo le garagiste, monsieur le curé, mes fonctions d'enfant de chœur, toutes choses qui constituaient mes repères et ma sécurité. Ce jour-là, j'ai franchi bien plus que les 50 kilomètres qui séparent Cowansville de Saint-Jean-sur-Richelieu. L'enfant passe le flambeau au petit homme, lequel va acquérir la formation qui en fera un jeune adulte. Car ce contrat n'était pas rien, c'était huit années de réclusion au terme desquelles j'allais être ou ne pas être !

Me voici donc au Séminaire de Saint-Jean. Je serai de la dernière cuvée issue de ces maisons d'enseignement dirigées par des religieux puisque, lorsque j'en sortirai, huit ans plus tard, le Québec sera déjà entré dans l'ère des grandes réformes, créant d'abord un ministère de l'Éducation et mettant en place deux niveaux d'enseignement, secondaire et collégial, autour des polyvalentes et des cégeps. Oui, monseigneur l'évêque : pour le meilleur et pour le pire ! C'était la belle époque de la Révolution tranquille qui, ô horreur, fut menée, tambour battant, par des libéraux, des « rouges » !

Ces huit années de pensionnat furent extrêmement stimulantes, passionnantes et enivrantes ! Je les ai traversées en vrai toxicomane, avec excès, compulsif en tout : les études, le sport et le parascolaire. Hanté par un besoin de performer, d'être parfait, le meilleur, le premier, jusqu'à devenir président du collège. Tout m'intéressait, tout m'interpellait. Et tout me réussissait !

— Tiens ! Ti-ministre !

C'est ainsi que les « grands » de philo, les finissants, me saluaient. Et « ti-ministre » j'étais ! Il faut dire que l'année même où j'entrai au collège, en 1958, le premier ministre Duplessis nomma mon père ministre des Terres et Forêts. Alors, les baveux de philo n'allaient certes pas se priver. Ma foi, je ne m'en plaignais pas. Et puis, quand on connaît la suite, quels visionnaires ils avaient été, ces grands baveux !

L'aventure commençait donc plutôt bien. La table était mise pour les grands honneurs et la cour applaudissait. Si mon père s'en amusa, ma mère, quant à elle, jubilait. Le gâteau levait : après Jean-Jacques, ce serait Jean-François ! Elle m'investit donc de ses attentes et de ses ambitions, je n'allais pas la décevoir. Il fallait que la tradition continue, il fallait que la dynastie se poursuive.

Performance, perfection, pression.

Répétez après moi : « performance, perfection, pression ». Élevé dans un milieu social où le culte de la performance et l'amour du perfectionnisme faisaient bon ménage, je ne pouvais me permettre de faillir à la mission qui m'était confiée, celle du « Sois bon, mon fils ! ». Je le fus. En tout. Un exemple et un modèle. « On est fiers de toi, mon fils ! ». Quand, quelques décennies plus tard, j'entrai de plain-pied dans la période sombre de mon existence, ces mots prirent tout leur sens : ce furent les pièges qui allaient me traquer. Et j'y fus emprisonné pendant vingt longues années.

Mes études classiques coïncident avec l'époque où l'équipe du tonnerre de Jean Lesage s'installe aux commandes du Québec et entreprend la Révolution tranquille. Kennedy meurt assassiné à Dallas, les Beatles triomphent dans le monde et dans mon cœur, l'indépendance commence à devenir un projet « politiquement faisable », les générations se heurtent et vivent la contradiction du *Peace and Love* de Woodstock et de la boucherie insensée d'un Vietnam mis à feu et à sang. C'est au cours de ces *Great Sixties* que j'entre vraiment en relation avec le monde et avec mon intimité.

Les gars et les filles, j'ai commencé à les aimer presque au même moment. En fait, j'étais à un âge où les différences ne comptaient pas beaucoup, puisque l'aventure affective se voulait d'abord purement platonique. En effet, c'est sur le plan des émotions les plus intimes qu'allait se jouer tout le drame. Dans l'incessante recherche du sens des mots, le champ des sentiments regorge de richesses inépuisables. Questions trop souvent laissées sans réponses. Amour, amitié, affection, douceur, tendresse, sensualité, érotisme, sexualité, génitalité, par où faut-il commencer et où cela mènera-t-il ? Quelles sont les limites de chacun ? Un mot ne dresse-t-il pas une barrière qu'un autre venait tout juste de défoncer ? Exercice épuisant tant et aussi longtemps qu'on ne se fait pas son propre dessin et que ne s'est pas joué son propre destin.

Arriva le petit prince.

J'avais 16 ans, il en avait 12. Le coup de foudre s'est abattu sur moi sans que je m'y sois attendu — encore moins préparé — et prit la forme d'une poussée de passion. L'être n'était ni homme ni femme. Tout simplement Dieu transposé sous les traits d'un ange. De tous les mots que je connais, aucun ne convient pour décrire mon émotion. Vibrer si fort et se sentir si seul face à une telle secousse. Solitude de l'inavouable, souffrance de l'inatteignable.

Quel état de grâce ! Cette découverte avait la chaleur du soleil et la splendeur du ciel. Tout n'y était que pureté. Donnez-moi des mots pour décrire le torrent qui déferlait en moi ; cette chose-là a-t-elle un nom ? Aidez-moi ! Comment vais-je apprivoiser tout cela ? Comment fait-on ? Que dit-on ? À qui aurais-je pu parler, à qui m'ouvrir ? À ces religieux ? À ces prêtres en soutane ?

En ce temps-là, les curés empruntaient cette démarche particulière des hommes de robe que n'adoptent même pas les femmes. Il s'agissait d'un habile mouvement du corps qu'épousait la soutane, élégantes ondulations qui semblaient conférer au porteur l'autorité du Dieu fait homme tout en dégageant une impression de sexualité troublée, à l'occasion, troublante. J'écris cela, mais à la vérité, j'ai aimé ces hommes dont je me sentais si proche, malgré les obligations et les contraintes de leur engagement. Les voyant si profondément humains, je percevais souvent le drame de leur vie, confrontés qu'ils étaient aux questionnements que leur soumettait la société dans laquelle ils évoluaient. Je les sentais souvent en quête de réponses, tout comme nous. De ce que j'ai su, plusieurs voies différentes se sont ouvertes devant eux, au prix, dans certains cas, de quelques crises existentielles. Mais qui d'autre peut se vanter de n'en avoir pas eu ?

J'écris cela pour faire la part des choses. Aucun de ces « hommes de Dieu » ne m'a violé ou violenté, aucun n'a eu un geste déplacé à mon endroit, aucun n'a eu un regard troublant dans ma direction, rien dont je n'aie pu me sentir incommodé. Mais rien d'autre non plus... Rien, pas un mot pour m'aider dans cette solitude et cette souffrance si lourdes à porter au moment de mes premiers balbutiements amoureux. Faire l'aveu du péché de masturbation à travers la cloison du confessionnal s'avérait déjà suffisamment éprouvant pour que le récit d'une amitié particulière m'apparaisse dans les circonstances une mission périlleuse pour ne pas dire impossible.

Car c'est durant cette période, par ailleurs si riche, si active et si féconde, que je ne suis parvenu ni à m'identifier, ni à m'accepter, ni à m'affirmer. Bien plus tard, au cours de ma vie adulte à Québec, quand je me rendais à la table qu'on me réservait au restaurant Apsara, rue d'Auteuil, je retrouvais sur un tableau du maître impressionniste Gauguin, les mots de Nietzsche qui n'avaient cessé de me hanter : « Qui suis-je ? D'où viens-je ? Où vais-je ? ». C'est une blessure réelle, béante et profonde que quarante années de ma vie n'ont pas encore réussi à refermer et à cicatriser. Me voici, à 56 ans, contraint de retourner faire mes classes affectives sur les bancs de mon adolescence.

Petit prince : « Dessine-moi mon destin ! »

Nos rencontres, fréquentes et furtives, ne laissaient rien deviner tant je mettais de pudeur dans l'expression de mes sentiments. Je refoulais, je me castrais. Seuls nos regards parlaient. Le trouble, le tourment et la tempête se vivaient à l'intérieur. J'occupais ses absences de mes rêveries. Mes pensées me perdaient, mes désirs m'attaquaient. Sans armes pour résister, je m'abandonnais.

Mais j'appréhendais les réactions qu'un tel comportement provoquerait tôt ou tard. Chaque mois, nous recevions notre bulletin de discipline, moment fort de l'évaluation de notre évolution. Pour l'essentiel, on y retrouvait deux colonnes, celle des commentaires et celle des manquements. D'une fois à l'autre, un manquement était souligné, et le commentaire revenait, revenait, et revenait : « Variez vos amis. » Voilà l'extraordinaire formulation qu'avait trouvée la direction pour ne pas appeler les choses par leur nom. Au début, je n'y portai pas attention, mais la répétition m'exaspérait :

— De quoi s'agit-il, mon père ?

— Euh… Ne te tiens pas toujours avec les mêmes personnes.

Dans cet immense pensionnat de plusieurs centaines d'élèves, mes relations étaient aussi nombreuses que l'étaient mes centres d'intérêt. Bien sûr, je demeurais un solitaire sauvage, mais mon statut de « petit ministre » m'amenait à côtoyer à peu près tout le monde. Pourtant, les mois passaient, ramenant la remarque :

— Mon père, je ne comprends toujours pas !

— Jean-François, nous avons remarqué ta tendance à toujours te tenir avec le même garçon. Alors, fais attention.

Faire attention à quoi ? Qu'y avait-il de si répréhensible ? Qu'il soit un gars ? Mais, il n'y a que ça ici ! Où se trouve l'autre moitié du monde ? Que puis-je y faire ? Mon cœur est en besoin : je prends ce que je vois ! Montrez-les-nous, les filles ! Vous les cachez ? Et je fais quoi, moi ? J'ai des sentiments à partager, des émotions à vivre, des désirs à satisfaire… Je fais quoi, monsieur ? Cette noble douleur, quelqu'un peut-il m'aider à la dissiper ?

L'aide, si on peut dire, prit la forme d'une femme, ma mère.

Je profitais d'un week-end de vacances à la maison familiale. Comme ça, en passant, je glissai mon bulletin de discipline mensuel. Comme à l'habitude, elle ne porta pas d'abord attention aux belles mentions, mais à cette remarque récurrente sur laquelle elle s'attarda, ajoutant cette fois un commentaire :

— Dis donc, c'est quoi ce « Variez vos amis » ? Ça fait plusieurs fois que ça revient !

Comme pris sur le fait, je décidai de saisir la balle au bond et de profiter de l'ouverture :

— Maman, c'est plutôt difficile à exprimer. Mais j'éprouve une attirance pour un jeune garçon… Et on voudrait que je me tienne loin de lui.

Lourd et long fut son silence. Et puis, sortant du plus profond d'elle-même, tous poumons gonflés :

— Quoi ? Jean-François ! Quoi ?

Je recule. Je me protège.

— Ce n'est pas vrai ! Ne me dis pas ça ! Tu n'as pas honte ?

Je fige.

— Tu vas m'arrêter ça tout de suite. Tout de suite. Je ne veux plus jamais en entendre parler. Jamais ! Tu m'as compris ?

Sa volonté fut faite. Elle n'en a plus entendu parler. Jamais.

Le fait de l'écrire ne peut qu'ajouter à l'intensité de la douleur et à l'immensité de la plaie ouverte ce jour-là. Jamais plus je n'abordai ce que je considérais comme l'essentiel autrement que dans l'inconfort du secret, des demi-vérités et des non-dits. Je basculai dans le monde des apparences et des subterfuges, me tenant loin de la vérité, de la transparence et de l'authenticité. On venait de tuer l'innocence, la pureté et la beauté.

Durant les six derniers mois de la vie de ma mère, comme mes frères et sœurs, j'ai accompagné cette femme du mieux possible. Il m'est arrivé quelquefois d'être tenté de revenir avec elle mettre du baume sur ma blessure. Je m'y refusai. Pourquoi l'accabler d'un sentiment de culpabilité ? À quoi bon ? D'autant que je gardais en mémoire un dîner d'anniversaire où, au moment où je m'ouvrais de mes difficultés de toxicomane en famille, elle m'attaqua vivement :

— Toi, ne viens pas ressasser le passé pour expliquer tes malheurs !

Ou encore, cet aveu qu'elle fit un autre jour :

— Si jamais j'apprenais qu'un de mes petits-enfants est homosexuel, j'en mourrais.

Et une autre fois encore, ce petit jeu auquel elle se prêta avec mon frère :

— Maman, quel mot aimes-tu le plus ?

— Musique.

— Maman, quel mot détestes-tu le plus ?

— Pédophilie.

A-t-elle, dans son cœur de mère, revisité ces événements ? Avait-elle, pour expliquer son attitude, vu ou vécu de sordides affaires ? Aurait-elle eu le courage et l'humilité de me recevoir tel que je suis ? Et accepter que je lui pardonne ? De toute façon, la sérénité qui m'habite aujourd'hui me recommande la paix avec moi-même et avec les autres. Elle est pardonnée. Qu'elle repose en paix !

Le cœur cadenassé, je retournai donc au collège m'étouffer dans le secret. Le petit prince continua d'allumer mes réverbères, mais je ne sus jamais ce qu'était une rose… ni lui d'ailleurs.

Elles débarquèrent enfin ! Une entrée toute théâtrale, puisque le séminaire venait de conclure une entente avec un collège de filles pour nous permettre de monter des pièces de théâtre mixtes. Finies les traductions du féminin au masculin avec des gars dans des rôles de filles ! Il fallait sentir l'excitation et l'énervement. Toutes les mesures avaient été mises en place pour s'assurer que l'art serait sauf et la chasteté aussi ! Ce n'est donc qu'à travers les répliques des grands auteurs que le contact allait s'établir.

Et puis, grâce à la culture, les mœurs se transformèrent et les filles occupèrent la place une fois pour toutes. C'était organisé, disons, sur la base d'un modèle de souveraineté-association. N'empêche qu'il y eut explosion d'effluves et, bon Dieu, pour tout le monde, ce fut une grande libération ! Croyez-le ou non, j'étais de ceux qu'une telle perspective réjouissait. Était-ce pour moi un retour à la « normalité » ? Est-ce que je rentrais dans le rang ? Allais-je redevenir la fierté de ma mère ?

Toujours est-il que, au terme des dernières années du collège classique, j'avais déjà quatre trophées amoureux : deux gars, deux filles. Le compte était bon et l'équité était respectée. Je m'inondais de leur amour, mais ne l'avais fait avec aucun d'entre eux. Qu'à cela ne tienne, j'avais découvert la sexualité à 15 ans, avec d'autres partenaires que de cocasses occasions me présentaient : je m'y vautrai et m'y délectai ! Et n'en garde que de très beaux souvenirs…

Un de ceux-là est mémorable ! Certains soirs, dans la salle de physique, chimie et biologie, nous avions droit à de savants documentaires… À 19 heures, les lumières s'éteignent. Nous sommes bien soixante-dix, tassés les uns sur les autres. Je suis assis au bout d'une rangée et mon voisin de droite, Claude, professionnel en la matière, approche sa main de mes parties intimes et, tel un serpent, détourne habilement les obstacles afin de se retrouver au jardin du plaisir. Maniant le tout avec circonspection, il réussit à provoquer chez moi, pour la toute première fois, une explosive jouissance contenue depuis quinze ans…

Fin du film.

Ouvrez les lumières ! clame le surveillant.

Ai-je besoin de décrire la scène ? Devinez-vous mon embarras ? Au secours ! Venez à mon aide ! Je m'en tirai avec beaucoup de gêne, tout de même satisfait et ravi d'être devenu un homme !

Et cela ne s'arrêta pas là, bien sûr ! J'ai idolâtré le plaisir. Bien plus qu'un épicurien qui, en toutes choses, sait garder l'équilibre, j'ai adopté dans ma vie sexuelle les comportements d'un toxicomane : obsessif et compulsif. Laissant mes fantasmes me dicter leurs volontés, je me suis abandonné à mes instincts et leur ai permis d'embrasser toutes les causes. Celle des femmes ne s'est concrétisée que très tard, à l'âge de 21 ans, durant le carnaval de Québec. Rassurez-vous, ce n'était ni une duchesse ni une mineure ! Quant au bonhomme…

Je garde en moi et pour moi, et jusqu'à ma mort, l'orgasme éternel. Il a un nom, mais surtout un charme : en lui sont réunis mes plus grandes extases et mes plus grands plaisirs ! Le voir, c'est le vouloir ! Sur mon lit de mort, je le désirerai encore, et encore, nous nous laisserons aller au plaisir. Parce qu'il est un ami, toujours précieux et présent, ici s'arrête cette confidence.

Pour vous, que je choque ou que je remplis d'aise, je témoigne ici de bruits sourds enfouis dans une humanité qu'on a privée du désir de se dire. J'ouvre les vannes et je me dévoile. Que ceux qui me comprennent m'accompagnent ; ce siècle a besoin de liberté !

Je ne m'explique pas encore comment j'ai réussi, durant mon adolescence, à partager aussi aisément mes attirances affectives entre des gars et des filles. En allant vers elles, je n'expiais rien; c'était là, c'était vrai et c'était bon! Remonte à ma mémoire ce souvenir divin d'une fréquentation qui commença sur les bancs de la chapelle.

Elle venait de rompre avec un de mes plus charmants et séduisants camarades de classe; je décidai de l'entreprendre. Non! Pas lui, elle! Quoique... Je suis comme vous, la conquête me fascine et m'excite! Regardez-nous: entre le prêtre qui officie, l'organiste qui joue, et la chorale qui chante, deux têtes lèvent les yeux de leur missel, prennent une pause et scrutent. Deux regards se saisissent, s'intimident, s'interrogent, et dialoguent. Deux sourires avouent leur plaisir.

— Qu'il est grand le mystère de la foi!, chantonne l'officiant à l'autel.

La foi? J'y crois! J'y suis! Elle est de chair, elle est de vie. Elle est là au bout du banc. Le prêtre élève l'hostie et proclame:

— Le corps du Christ!

Pardonne-moi, Seigneur, mais au nom de l'alternance, puis-je me prosterner devant celui d'une femme? Celui de celle-là?

Et la réponse vint:

— Que ta volonté soit faite!

Ne craignez rien, Seigneur, j'obéis! Et tant qu'à y être, ne vous gênez pas, soumettez-moi à la tentation! Le cher homme! Il le fit, et je succombai. Quel bonheur!

Cette transformation n'eut que d'heureuses conséquences. D'abord, la direction du collège, certes dépassée par les événements, ne trouva jamais plus matière à me rappeler de «varier mes amis». Ensuite, mon ambivalence m'apporta l'équilibre. De toute façon, je n'avais nulle envie de choisir mon camp. Enfin, je laissais aux autres les barrières de leurs tabous et de leurs préjugés. Je laissais libre cours à mes fantaisies sentimentales et je ne trahissais rien de mes passions partagées.

Pendant ce temps, à l'autre bout du spectre, «ti-ministre» triomphait, pendant que papa Jean-Jacques, sous le regard protecteur de maman Gabrielle, venait de quitter le gouvernement pour l'opposition. En 1960, après seize ans de duplessisme, le Québec décide qu'«il est temps que ça change!». Vous dire l'effervescence et l'ébullition de cette période de notre histoire! Cloîtré dans mon pensionnat, je n'en prenais pas toute la mesure, ignorant que certains événements allaient me transformer pour longtemps. Ainsi en fut-il de l'élection quasi référendaire sur la nationalisation de l'électricité en 1962.

C'est durant cette campagne électorale que je devins souverainiste. Je n'avais que 16 ans. C'était un samedi soir, dans la salle de l'Hôtel de ville de Farnham, dans Missisquoi. Une assemblée du Parti libéral. Orateur-vedette invité: René Lévesque. Fils du député, au cœur de son propre comté, je m'y pointe. Au risque d'être reconnu et montré du doigt, j'ai le goût d'écouter cet homme qui nous appelle au dépassement. Ce n'est pas à une réunion bêtement partisane que j'assiste, mais à un grand brassage d'idées qui nourrissent la volonté de notre peuple de prendre son destin en main. La Révolution tranquille est toute jeune; la peur et le doute nous habitent encore. Lévesque nous parle de confiance et de fierté, et nous commençons à y croire. Ce ne sont ni des libéraux ni des unionistes qui vont sortir de la salle ce soir-là: ce sont des Canadiens français qui vont devenir des Québécois. Pour moi, le pays du Québec est né le 14 novembre 1962.

L'année précédente, l'Union nationale s'était donnée un nouveau chef, Daniel Johnson, considéré alors comme l'héritier de Maurice Duplessis. Son couronnement ne faisait pas de doute. Un certain courant s'était dessiné pour lui opposer quelqu'un qui pourrait incarner le changement et le renouveau. On avait reconnu mon père comme le messager de cet espoir. J'ai, fraîches à la mémoire, ces rencontres dominicales où des partisans venaient solliciter sa candidature. Papa n'avait pas les ambitions de Johnson; il hésitait, il doutait. D'une semaine à l'autre, il oscillait entre le « oui » et le « non ». Comme chaque fois auparavant, ma mère lui avait administré sa drogue ; il se présenta, souleva un formidable appui populaire, et mena, contre toute attente, une lutte serrée… qu'il perdit par très peu de voix. Je demeure convaincu qu'il préféra son solide statut de second au statut fragile de premier !

Au collège, cela faisait des vagues. Je prenais du galon auprès des prêtres et de mes confrères. Fort de l'élan paternel, j'entrai en campagne pour devenir le *primus inter pares*. Je vengeai l'affront fait à mon père et devins président du collège ! Je ne laissai rien au hasard : ma campagne électorale relégua l'opposition aux oubliettes. Je m'offris même le luxe de convertir des adversaires dont ce Daniel, infâme amateur de Proust, à qui j'avais reproché une lecture aussi perverse. Le jour du vote, il me confia :

— Je t'haïs, mais je sais que tu vas faire un bon président. Alors, je vote pour toi.

Sur cette lancée, j'obtins la gloire et le pouvoir. Je fis à la fois l'admiration du collège et celle de ma mère. Mon règne démarra sur les chapeaux de roue, je versais dans le spectaculaire et le grandiose ! On se livra à de véritables états généraux de l'éducation, renversant tout sur notre passage. Je m'engageai aux niveaux régional et national, participant ainsi à cet extraordinaire remue-méninges de la diaspora étudiante des années 60. Quel bouillonnement ! J'y fis la rencontre de plusieurs leaders dont j'allais plus tard devenir le collègue en politique. Ma génération se défonça pour faire entrer le Québec dans l'ère de la dignité et de la liberté. Ça brassait, ça dérangeait, ça provoquait, mais ça avançait ! Des familles se déchiraient, de nouvelles alliances se formaient : nous étions en plein chaos créateur.

J'arrivai au terme de mes études classiques, j'avais 19 ans. Les libéraux déclenchent de nouvelles élections générales qu'ils ont d'ailleurs la certitude de gagner. Ils en oublient la grogne populaire : les réformes ont créé du ressentiment.

Pendant que les intellos jubilent, les masses s'interrogent : elles se sentent bousculées. L'Union nationale leur sert de porte-voix. À l'autre extrême, les indépendantistes s'organisent. Pierre Bourgault, orateur charismatique, fait jouir les foules et les embrase. Quant au premier ministre Jean Lesage, orgueilleux, il verse dans l'arrogance, la fatuité et la suffisance.

J'entre en scène…

Dans le comté de Saint-Jean, l'Union nationale a jeté son dévolu sur un jeune professeur du Collège militaire, Jérôme Proulx. Participant à un débat avec ses opposants à l'auditorium du séminaire, il cherchait à répondre à une question que je venais de poser du fond de la salle. Ébloui par les réflecteurs, il me vit mal et, se fiant à ma voix, il me dit :

— Mademoiselle ?

C'était moi. Rires épais. Je me rassis, humilié.

Le soir même, je téléphonai à son domicile :

— Monsieur Proulx ?

— Bonsoir !

— Je suis la demoiselle de ce midi. Jean-François Bertrand, fils de Jean-Jacques Bertrand.

— Oh, pardon ! Excusez-moi !

— Je voulais vous dire que si vous avez besoin d'aide, je suis là.

— Vraiment ? Alors là, ça me fait plaisir ! Je vous rappelle !

C'est ainsi que j'entrepris ma carrière politique. Dans les semaines et les mois qui suivirent, je me promenai de village en village et, de discours en discours, je fis l'apprentissage du jeu des grands. On est au printemps de 1966, et je me revois à ma toute première assemblée électorale, à l'école paroissiale de Saint-Blaise par un beau dimanche après-midi. Deux cent cinquante personnes sont entassées dans la salle. Ma mère et ma grand-mère y sont. J'y arrive, accompagné de ma blonde, celle de la chapelle. Je monte sur l'estrade d'honneur et m'installe à côté du candidat. Surprise et stupeur, j'aperçois mon ex-blonde au milieu de la salle. Elle porte des lunettes de soleil. Apercevant sa remplaçante à mes côtés, elle se met à pleurer et s'enfuit. C'est donc sur fond d'émotions familiales et sentimentales que je prononçai mon premier discours.

Comme je ne pèche ni par modestie ni par humilité, aussi bien être clair : « Ti-ministre » fut à la hauteur. Je mis la foule dans ma petite poche arrière, soulevant les rires et les applaudissements. Les réactions d'incrédulité se lisaient sur tous les visages : c'était bien le fils de son père… à deux pas de sa mère qui récoltait ce qu'elle avait semé. Quand j'y allai de mes dernières envolées, la foule ne fit qu'un bond et m'ensevelit de son ovation. Ce jour-là, je sus quelle était ma voie.

— Ôte-toi de là, tu n'es pas le candidat, me chuchota ma mère.

Je n'y pouvais rien. J'étais celui qui recevait toutes les félicitations pendant que le candidat m'assistait, pantois. « Mademoiselle » triomphait ! Cela dura deux mois.

En juin 1966, l'Union nationale, à la surprise générale, renversa le gouvernement libéral. Daniel Johnson devint premier ministre du Québec. Jérôme Proulx gagna dans le comté de Saint-Jean. Quant à mon père, il obtint la plus grosse majorité de sa carrière et se prépara à occuper d'importantes fonctions.

Au Séminaire de Saint-Jean, en ce même mois, lors de la soirée de la remise des diplômes, je remontai fièrement la grande allée de l'auditorium, grimpai sur scène et reçus des mains du recteur le diplôme et le ruban. Se retournant vers l'assistance, l'homme claironna :

— Monsieur Jean-François Bertrand ira étudier en sciences politiques !

Au parterre, j'aperçus des parents comblés…

CHAPITRE 4

Toutes voiles dehors !

Aéroport de Dorval : « Les passagers en partance pour… » À 24 ans, mon premier voyage outre-mer me conduit à Paris ! Mon ami Jean-Pierre s'y trouve depuis un an et n'en finit plus de m'inviter à l'imiter et à poursuivre là-bas des études supérieures en communications. S'ajoute à cet intérêt celui de me retrouver sur un autre continent pour m'affranchir de mon milieu et découvrir une autre civilisation.

Je quitte donc ma terre natale, laissant derrière moi une grosse peine d'amour, Jo, qui vient de me remplacer par un séduisant dentiste ayant le double de son âge. Cette sensuelle Rimouskoise rencontrée deux ans plus tôt au Centre d'arts Orford m'a fait découvrir, en même temps que les siennes, les beautés du Bas-Saint-Laurent, là où j'ai fait bon nombre d'aller-retour, de week-end en week-end, pour assouvir mes désirs. Fougueuse et furieuse, notre passion avait l'éclat des couchers de soleil propres à cette région. Dans l'avion qui traversait l'Atlantique, ma tête et mon cœur s'accrochaient encore à la fille du fleuve. Si la conquête rend fou, que dire de la perte d'un amour : foutue maladie que la passion ! « Je n'en rencontrerai plus jamais d'autre comme elle… » Ce que l'amour peut rendre naïf, parfois !

Je quittai progressivement mon apitoiement quand, aux premières lueurs du jour, j'aperçus la côte par le hublot. La brume se dissipait et je vis émerger le pays de mes ancêtres. Fascinante France, qui, au premier regard, donne à voir sa campagne comme un tableau où, de lots en lots, de cultures en cultures, elle étale les couleurs des plats savoureux qui finiront dans notre assiette. Et çà et là, les toits orangés dispersés, quelquefois réunis autour d'une place qui n'est ni ville ni village, un simple espace où l'on peut bavarder autour d'un bon vin blanc, question d'en découdre sur de Gaulle, le tiercé ou l'horrible meurtre du p'tit Bernard dans la commune d'à côté.

L'avion descend, on s'approche. La France s'éveille, s'étire, se réchauffe d'un café, s'accroche à sa deux chevaux et attaque sa journée, râleuse, pied au fond de l'accélérateur et bras d'honneur ! À compter de ce 30 août, et pour deux ans, je ne connaîtrai que la plénitude d'une période euphorique où plaisir et joie de vivre seront mon pain quotidien. Trente ans plus tard, je peux affirmer que je n'ai pas connu d'intervalle plus exaltant et qui m'ait autant comblé sur tous les plans, à commencer par le plus important…

À l'aéroport d'Orly, Jean-Pierre m'attendait. On fila immédiatement vers ma future résidence, la Maison du Canada, à la cité universitaire, dans le 14e arrondissement. Tout au long du trajet, je me laissai envahir par l'émotion que m'offrait cet autre monde avec lequel j'avais hâte de faire l'amour. L'amour ? Il me tomba dessus dès que j'eus déposé mes valises sur le parvis de la maison et prit d'abord la forme de trois femmes aux yeux bridés, que j'imaginais asiatiques ! Toutes trois de la même grandeur, petites ; toutes trois belles, souriantes ; toutes trois fières, distantes. J'interrogeai mon ami :

— Qui sont-elles ?

— La famille Pham, la mère et ses deux filles.

— Laquelle est la mère ?, dis-je, surpris de voir que rien ne les distinguait.

— Celle qui est au centre. À sa droite, c'est Yen, à sa gauche, c'est Oanh.

— Superbes ! Que font-elles ici ?

— Elles y habitent. Chaque résidence nationale doit accueillir 30 % d'étrangers. Elles viennent du Vietnam.

— Lequel ? Celui des cocos ou celui des cacas ?

— Celui du Sud. Feu leur père était ambassadeur en France.

Imaginez : le Québec débarque en France et découvre le Vietnam ! Pendant que là-bas, la guerre sévit, ici, je tombe sous le charme. Je rends les armes et consens à être fait prisonnier. Je mettrai du temps à les distinguer l'une de l'autre, mais c'est Oanh qui allait me bouleverser. Adieu le fleuve, bienvenue la Seine ! Le flirt dura un bon quatre mois. Elle se fit difficile à conquérir, mais chaque étape n'en fut que plus délicieuse à franchir. Au lendemain de Noël, je lui offris une théière et des tasses à thé. Pour me remercier, elle me gifla, gentiment. Je feignis la douleur en refermant mes mains sur mon visage, elle les rouvrit et posa sur mes lèvres un baiser qui dura bien… une bonne heure ; le bonheur allait se poursuivre pendant cinq ans.

Le jour de mon arrivée, après m'être installé au grenier dans la dernière chambre encore disponible, accompagné de mon ami, je m'immergeai dans Paris que j'arpentai à m'en user les souliers, du Quartier latin aux Invalides ; de Notre-Dame à Saint-Germain-des-Prés ; aux Deux Magots, un croque-monsieur et un p'tit kir vite avalés, et on poursuivait, rue Saint-Guillaume, à l'Institut français de presse où j'allais étudier, et cela continua à la place de la Concorde, aux Champs-Élysées et à la place de l'Étoile, avant un arrêt au cinéma pour voir le dernier de Funès, et repartir de plus belle, rue de Rivoli, place de la Madeleine, place de l'Opéra, place de la Bastille, liberté, égalité, fraternité ! Des kilomètres à me soûler de parfums et de sensations, de cris et de klaxons, humant les boutiques du fleuriste et du boulanger, fouinant dans celles de l'antiquaire et du brocanteur, écoutant la rogne et la grogne d'une capitale essoufflée, le soir venu. Cette nuit-là, je m'endormis sur un fantasme de femme dans la ville aux lumières éternelles !

Quand j'y repense, je constate que nous étions plusieurs centaines de Québécois à profiter d'un cadre aussi exceptionnel pour parfaire notre formation et revenir au pays mieux équipés pour assumer le leadership nécessaire à la progression et à l'avancement du Québec. Chez madame Yvette, voyant sortir de ses fourneaux des moules aux échalotes et au vin blanc, une escalope à la crème, des haricots verts et des tomates provençales, et une crème caramel, pouvais-je seulement imaginer que je nourrissais ainsi un appétit de faire passer le Québec du statut de province à celui de pays ? Douce France, merci !

Un jour, vers la fin de mes études, j'apprends dans les journaux, que le président du Parti québécois, René Lévesque, doit entreprendre une tournée en France pour faire connaître son projet de souveraineté-association. Je suis à quelques semaines de mon retour au Québec et je frétille du désir de militer : je prends contact avec son organisation et demande à le rencontrer. Homme d'une grande simplicité, M. Lévesque a choisi de loger dans un de ces petits hôtels sympathiques qui abondent à Paris. Bien que je l'aie déjà croisé dans le passé, ce sera notre premier tête-à-tête. Dans une magnifique cour intérieure luxuriante et fleurie, je prends place à une petite table déjà garnie de quelques gâteries.

Je n'ai pas le temps de m'asseoir, il arrive. René Lévesque, c'est un monument devant lequel on s'incline quand on le rencontre ; ce qu'on a devant soi, c'est la passion du Québec. Ses yeux défient : il a le regard intense et profond du visionnaire. Devant lui, on se tait, on attend, on écoute. Ses lèvres s'entrouvrent, sa timidité s'affiche : cigarette, allumette, inspiration, expiration, on peut parler…

— Monsieur Bertrand ?

— Oui, monsieur Lévesque.

— Dites-moi, que faites-vous à Paris ?

— Je poursuis des études de deuxième et troisième cycles en communication.

— Hum…, comme pour faire sentir ce qu'il pense de ces brillants esprits.

Et il poursuit :

— Vous vouliez me parler ?

— Monsieur Lévesque, je retourne au Québec dans peu de temps et j'aimerais être actif dans votre parti.

— Bien ! Alors, vous ferez comme tout le monde, vous prendrez votre carte, et vous militerez, dit-il, satisfait de me faire descendre de mes hauteurs !

— Bien sûr !

— Bon, maintenant, étant donné vos antécédents, ne soyez pas surpris d'avoir un micro plus rapidement que d'autres, ajoute-t-il, heureux de son effet.

— Je comprends !

— Faites-moi signe quand vous serez revenu au Québec.

— Je n'y manquerai pas, monsieur Lévesque.

Ouf ! Bac, maîtrise, doctorat, oubliez ça ! Moi, le tout jeune, lui, le grand homme, tous deux réunis ici pour sceller mon avenir ? Pour moi, cette rencontre fut déterminante, comme quoi l'apprentissage ne se fait pas que sur les bancs d'école ! Il retournait à ses affaires, je retournais aux miennes, transporté par mes rêves, quand il me lança :

— Et votre père ? Sa santé, ça va ?

— Plus ou moins.

— À mon retour, je lui téléphonerai.

— Ça lui fera le plus grand bien. Merci.

Parenthèse. Six ans plus tôt, en 1966.

Mon père a 50 ans, j'en ai 20. Les deux hommes de ma mère s'installent à Québec. Le premier prend la direction du gouvernement, le second entre à l'Université Laval. Par mesure d'économie, je partagerai l'appartement de mon père tout le temps que dureront mes études. Au cours de ces trois années, nous n'aurons que trois véritables discussions en profondeur. Trois soirées mémorables à l'occasion desquelles papa et fiston abordent fort sérieusement des sujets comme la politique, la question linguistique et… la foi ! S'ils n'amorcent ni conflit ni affrontement, ces échanges n'en révèlent pas moins des divergences majeures.

Papa m'impressionnait. Son intelligence, sa culture, sa rigueur, sa droiture, sa discipline, autant de merveilleux traits de caractère ! Féru d'histoire, il donnait de la perspective à ses analyses. Il ficelait habilement son argumentation et maniait avec brio les subtilités de notre langue. J'avais devant moi un homme d'une grande maîtrise intellectuelle et émotionnelle. Quant à moi, n'ayant ni ses connaissances ni son expérience, je ne faisais pas le poids : mes réflexions reposaient davantage sur des perceptions. Une génération nous séparait et cela transparaissait : mes intuitions se frottaient à ses convictions.

Malgré tout le respect que je lui témoignais, je constatais que nos opinions différaient sur de nombreux sujets. Depuis quelques années déjà, je ne me sentais ni canadien ni fédéraliste. Quant à mon père, foncièrement nationaliste, il continuait de croire que le Québec et le Canada pouvaient s'entendre. Exaspéré par l'arrogance, la suffisance et l'intransigeance du premier ministre Trudeau, homme qu'il détestait, il frappa un mur d'incompréhension et une parfaite fermeture d'esprit à ses projets visant une plus grande affirmation nationale du Québec. Ce qui, bien sûr, me conforta dans mes convictions souverainistes. Il me voyait bien prendre mes distances, mais il ne s'en offusqua pas.

Quand René Lévesque avait créé le Mouvement Souveraineté-Association en 1967, j'avais pris ma carte de membre. L'année suivante, quand eut lieu la fondation du Parti québécois, je souhaitai y prendre une part active. Je n'en fis rien. Quelques semaines auparavant, à la suite du décès subit de Daniel Johnson, mon père venait de lui succéder, devenant premier ministre du Québec. Je me fis alors la réflexion suivante : « Tu vas respecter l'engagement politique de ton père qui connaît son aboutissement aujourd'hui ; quant à toi, tu es jeune, tu as beaucoup de choses à apprendre et tu auras amplement le temps de faire valoir tes idées le moment venu. » Je tins parole et ce n'est que six mois après la mort de mon père, en 1973, que j'adhérai au Parti québécois.

Cependant, la crise linguistique de la fin des années 60 m'avait plongé dans une grande tristesse. À partir d'un cas isolé, celui de la décision de la Commission scolaire de Saint-Léonard à Montréal de faire du français la langue d'enseignement sur son territoire, au grand dam de la communauté italienne de ce quartier, mon père, pour calmer les esprits et mettre fin aux affrontements, avait fait adopter par l'Assemblée nationale une loi qui accordait le libre choix de la langue d'enseignement aux immigrants, lesquels allaient encore davantage fréquenter l'école anglaise.

Cette décision souleva un tollé. Le Québec nationaliste et politisé se mobilisa. Les manifestations se multiplièrent. Les enseignants sortaient les enfants des écoles et leur faisaient brandir des pancartes où mon père était décrit comme un « traître ». Je l'ai vu se faire cracher au visage… Bien qu'en total désaccord avec sa décision, je ne pouvais souffrir de le voir ainsi cloué au pilori. Nos points de vue différaient, certes, mais je savais que ses motivations étaient nobles. Jean-Jacques Bertrand s'inspirait en tout d'une idéologie « libérale » au sens philosophique du terme ; pour lui, les libertés individuelles avaient priorité sur les droits collectifs. Mon père a toujours privilégié une approche incitative plutôt que coercitive ; il lui répugnait donc d'adopter une politique qui ne respecterait pas ses principes et ses valeurs.

Comme il s'agissait de notre avenir et de notre destin collectif en tant que peuple et nation minoritaire au Canada et de moins en moins majoritaire au Québec, un coup de barre s'imposait. La Loi 63 faisait tout le contraire, elle favorisait l'assimilation. Je me rangeai du côté de ceux qui considéraient qu'on commettait là une grave erreur historique, dommageable pour le fait français en terre d'Amérique.

J'en discutai avec papa : rien ne le fit changer d'avis. J'arrivai seulement à le convaincre d'intituler son projet Loi pour promouvoir la langue française au Québec. Personne ne fut dupe. Quelques années plus tard, jeune député péquiste nouvellement élu, j'insistai pour siéger à la Commission qui discuta et adopta la Loi 101, la Charte de la langue française. C'était la réponse du nouveau gouvernement pour prévenir l'extinction de notre nation : le Québec sera français ou il ne sera pas !

Mon père n'exerça les fonctions de premier ministre que peu de temps — moins de deux ans —, et il n'eut pas la vie facile. Son prédécesseur aimait temporiser et procrastiner ; les dossiers s'étaient accumulés, des décisions devaient être prises. Papa arrivait tôt à son bureau et n'en sortait que tard, les affaires se réglaient de façon efficace. Il avait un fort esprit de décision. On ne se croisait presque jamais. Il quittait l'appartement avant que je me lève et je dormais déjà à son retour. Son entourage m'inquiétait. Il était composé de la plupart des conseillers de Johnson, avec lesquels il n'avait pourtant que très peu d'atomes crochus. Les coups de poignard de ces hommes se multiplièrent pour ébranler leur nouveau chef, l'écraser et lui trouver un successeur en accord avec leurs intérêts ; bref, la mutinerie s'organisait.

Quelques semaines seulement après être devenu premier ministre, un matin, très tôt, mon père arriva au Parlement. Son chauffeur lui ouvrit la portière, il en descendit. Gravissant lentement les marches qui mènent à son bureau, ses dossiers sous le bras, il s'affaissa lourdement, victime d'une faiblesse. Vingt ans d'une vie mouvementée le rattrapaient, trois mois seulement après que le cœur de son prédécesseur se soit arrêté de battre. Ma mère, qui se trouvait par hasard à Québec, coordonna les manœuvres ; il fut conduit d'urgence à l'hôpital Laval, où il fut inscrit sous un faux nom. Maman souhaitait cacher l'affaire. « Il ne faut pas que les enfants sachent », dit-elle. Tout le temps qu'il demeura hospitalisé, il nous fut interdit de le visiter. Les informations nous étaient communiquées au compte-gouttes. Les journalistes en savaient plus que nous.

Flairant une bonne affaire, les traîtres qui entouraient papa cherchèrent à profiter de la situation pour l'écarter du pouvoir en le remplaçant par leur candidat, Jean-Guy Cardinal, ministre de l'Éducation. Ils eurent l'odieux de mener leur combat jusqu'à notre appartement. Les pauvres, ils connaissaient fort mal madame ma mère ! Toutes griffes dehors, après leur avoir servi des reproches et des remontrances musclées, elle leur botta le cul et les expédia dans le corridor. Vlan ! Bravo, maman ! Papa, qui venait d'avoir un sérieux avertissement, retourna au boulot quelques semaines plus tard et, malheureusement, ne fit pas suffisamment le ménage parmi les gens de son entourage. Maman continua de tenir la garde. Les vautours se firent-ils plus discrets ? Non. Seulement plus sournois.

Pendant ce temps, je me plaisais à l'université. J'avais choisi Québec parce qu'on y retrouvait des sommités en sciences politiques : Léon Dion, Vincent Lemieux, Gérard Bergeron, Jean-Charles Bonenfant et Claude Morin qui allait devenir plus tard, en politique, mon « père spirituel », ami et complice. Si mes études me passionnaient, c'est cependant en théâtre que je m'investissais le plus.

L'Université Laval comptait une des meilleures troupes au Québec, la Troupe des Treize, qui forma de merveilleux comédiens et auteurs tels Rémy Girard, Normand Chouinard, Raymond Bouchard, Dorothée Berryman, Maryse Pelletier et Jean Barbeau. J'avais déjà pris goût au théâtre au collège, à l'occasion de multiples spectacles montés par l'abbé Létourneau ; comme je n'étais pas son chouchou, je n'avais jamais hérité des premiers rôles, ce qui ne m'empêchait pas de me donner au maximum et, quelquefois, de voler le *show*.

À la Troupe des Treize, on me fit le cadeau d'un grand rôle dans la pièce de Feydeau, *Mais n'te promène donc pas toute nue !* C'est l'histoire d'un député dont les espoirs d'accéder au cénacle ministériel se trouvent compromis par les comportements légers de son épouse. Méchant présage ! Quelle joie j'éprouvai, un soir, de voir mon père dans la salle rire à gorge déployée, incapable de s'arrêter, des larmes coulant sur ses joues. Moment magique !

Cette ferveur théâtrale, je l'avais cultivée chaque été, d'année en année, entre l'âge de 16 et 24 ans, soit de 1962 à 1970, lorsque je travaillais au camp des Jeunesses musicales du Canada à Magog. Les superlatifs ne seront jamais assez forts pour décrire la beauté de cet endroit planté dans le décor bucolique du parc du mont Orford. La nature sauvage nous renvoyait des parfums envoûtants ; cygnes et canards parcouraient les rivières et les étangs ; dans la montagne, les oiseaux accompagnaient les jeunes musiciens qui, d'un chalet à l'autre, d'un instrument à l'autre, composaient un véritable « hymne à la joie ». Un pur bonheur ! Et on me payait pour être là !

Pareil paradis stimulait mes sens, je butinais de fleur en fleur. Ma double attirance ne se démentait pas quoique, lors d'une traversée du lac Memphrémagog, je me languis pour cette belle Lucie dont la longue et blonde chevelure ondulait au gré du vent ; après en avoir joui du regard, je m'approchai pour caresser ses cheveux. Sa peau frissonna, sa bouche s'ouvrit, et le soleil se coucha entre nos lèvres. Appuyés au bastingage du traversier, nous pouvions voir l'eau, de vague en vague, se tourmenter de nos élans passionnés.

Durant ces étés sentimentalement torrides, je participai à tous les ateliers de théâtre sous l'autorité de professionnels désireux de développer de nouveaux talents. Deux d'entre eux, Jacques Zouvi et Louis de Santis me prirent sous leur coupe et m'offrirent même de faire carrière avec eux au Centre national des arts à Ottawa. C'était en 1970. Mes études s'étant terminées l'année précédente, j'avais tâté de la télévision comme animateur de l'émission *Consommateurs avertis* à Radio-Canada, et j'étais disponible. En ce mois de juillet, à 24 ans, je me trouvai placé devant un joli problème : j'appris que j'obtenais une bourse du gouvernement français pour y poursuivre des études de maîtrise et de doctorat en sciences de l'information à l'Université de Paris ! Que faire ? Les deux projets m'enthousiasmaient et il fallait me décider rapidement. Je choisis Paris plutôt qu'Ottawa et ne le regrettai jamais.

Quelques mois auparavant, en avril, mon père avait déclenché des élections générales. On assista à une véritable lutte à trois entre l'Union nationale de Jean-Jacques Bertrand, le Parti libéral de Robert Bourassa et le Parti québécois de René Lévesque. Notre mode de scrutin, combiné à la répartition linguistique et géographique du vote, donna la victoire aux libéraux, renvoyant le parti de mon père dans l'opposition avec un Parti québécois deuxième dans le vote populaire, mais troisième dans le nombre de circonscriptions.

C'est de son bureau dans la maison familiale, avec maman à ses côtés, que mon père encaissa la défaite en parfait démocrate et, j'en ai la conviction profonde, immensément soulagé. Plusieurs années plus tard, ma mère aura l'humilité de reconnaître qu'elle avait commis une erreur en le persuadant d'accepter cette lourde tâche. De fait, avant que l'année se termine, papa fut de nouveau victime d'une crise cardiaque, beaucoup plus sérieuse que la précédente, et qui allait hypothéquer sérieusement ses activités jusqu'à sa mort.

Mon séjour à Paris se termina dans un feu d'artifice. On me donna le titre de « major ». Qu'avais-je à foutre du service militaire ! Mais non, c'était seulement une manière de m'indiquer que je terminais l'année premier de classe devant tous ces Français. Le p'tit cousin leur avait damé le pion. Honneur et gloire à ceux que vous avez abandonnés, oubliés et méprisés, nous sommes d'une race qui ne veut pas mourir. Inclinez-vous, le nouveau continent reprend le bateau de Cartier et revient vous hanter : ils s'appellent Leclerc, Vigneault et Charlebois ; Dion, Garou et Lemay. Ils partent à la conquête des conquérants et, dans le champ de la culture, il n'y aura pas de plaines d'Abraham ; nos lettres et nos chansons, nos poètes et nos troubadours, de Nelligan à Roy, de Lepage à Tremblay, la France les applaudira et le Québec triomphera. Quelques siècles plus tard, nous voici, peuple d'amour et de liberté !

Fin 1972, à 26 ans, équipé intellectuellement et affectivement, doctorat côté tête, Oanh côté cœur, je pliai bagages et rentrai au pays. Tout se précipita à ce moment. Je louai un appartement à Québec, fis signe tel que promis à M. Lévesque, l'informant que ma décision tenait toujours, mais que je devais me donner du temps par respect pour mon père, entrepris des démarches et conclus une entente pour enseigner au département de journalisme et d'information à l'Université Laval. Par ailleurs, je poursuivis, par correspondance, mon idylle avec ma belle Vietnamienne. Tout baignait dans l'huile. Mais pas pour papa…

Depuis son dernier infarctus, tout en continuant d'occuper ses fonctions de député, il n'avait plus beaucoup d'énergie pour profiter d'une vie paisible et heureuse auprès de sa femme et de ses enfants. Ses forces diminuaient et cela le frustrait. Le voir sortir ses médicaments à chaque cent pas pour reprendre son souffle et « repomper » son cœur nous attristait. Plus le temps passait, plus son état empirait. Il dut se rendre à l'évidence et admettre que seule une intervention chirurgicale pourrait lui redonner une meilleure qualité de vie.

Le 14 février 1973, il quitta la résidence familiale pour entrer à l'Institut de cardiologie à Montréal. Comme c'était le jour de la Saint-Valentin, devant la Place Ville-Marie, il demanda à maman d'arrêter la voiture et de l'attendre. Il entra chez Laura Secord et en sortit avec un paquet bien enveloppé qu'il déposa sur le siège arrière. Sa Valentine n'allait l'ouvrir qu'un an plus tard… trop affectée par la douleur et la tristesse. De mon côté, j'avais planifié un retour en France pour rejoindre la mienne, et même si ça tombait plutôt mal, mes parents me mirent à l'aise et m'enjoignirent d'y aller. Ils adoraient Oanh !

La veille de mon départ, je rendis visite à mon père une dernière fois.

— Alors, papa ! L'opération, c'est oui ou c'est non ?

— J'attends les dernières analyses du Dr Grondin pour connaître les chances de succès. Nous devrions prendre une décision finale demain.

— As-tu peur ?

— J'ai la foi. Je m'en remets à Dieu.

— Papa, quelle que soit ta décision, dis-toi que ce sera la bonne.

— Je sais. Merci.

Entre lui et moi, à cet instant, les années ne comptaient plus. Il n'y avait qu'un père et son fils, impuissants et condamnés à attendre.

— Dis-moi, papa, qu'est-ce qui est le plus important dans la vie ?

— Le plus important dans la vie, Jean-François, c'est d'avoir la conscience en paix quand tu te couches le soir. Et lorsque tu te lèves le matin, c'est d'être capable de te regarder dans le miroir et de t'aimer.

— Merci, papa.

J'aurais dû ajouter ce que je pensais sans oser le dire : je t'aime.

Quelques jours plus tard, le 22 février au matin, chez la mère de Oanh à Paris, le téléphone sonna :

— Oui ?

— Bonjour Oanh, c'est madame Bertrand. Jean-François est là ?

— Oui, madame, un instant, je vous le passe.

Je savais.

— Maman ?

— Écoute-moi, Jean-François. Papa a été opéré, mais il y a eu des complications et ses chances de s'en sortir ne sont pas bonnes. Alors, tu serais mieux de faire tes valises et de te préparer à revenir, ça ne saurait tarder.

Son amoureux la quittait pour toujours et elle gardait, dans cette terrible épreuve, la force de considérer l'événement avec assurance « pour ne pas que les enfants sachent » sa peine et sa souffrance, toujours impénétrable. Pourtant, pendant l'année qui suivit, on la trouva triste et fragile. Il lui manquait, ça se sentait. Quand je raccrochai, je plaçai ma tête sur le cœur de ma bien-aimée pour écouter la vie…

« Le plus important, c'est quand tu te couches le soir… ». Papa s'endormit comme il avait vécu : la conscience en paix.

Aujourd'hui, j'ai atteint l'âge qu'il avait lorsqu'il est parti et je prends conscience à quel point il m'a manqué durant ces trente dernières années. Nous serions-nous rapprochés davantage s'il avait vécu plus longtemps ? M'aurait-il accueilli dans mes choix ? Quel homme public serais-je devenu grâce à ses conseils ? Que m'aurait-il appris sur la vie de couple ? Quelle aide m'aurait-il apportée pour traverser les épreuves, surtout celle de la toxicomanie ? Dans le respect de mes propres croyances, je me plais à me l'imaginer encore présent, surtout quand je me lève le matin et que je suis capable de me regarder dans le miroir.

Six mois plus tard, lors d'une réunion au sous-sol de la demeure du beau-frère de René Lévesque, je signai ma carte d'adhésion au Parti québécois, endossée par Claude Morin et Louise Beaudoin. La semaine suivante, un grand quotidien du matin à Montréal titra en première page : « Le fils de Jean-Jacques Bertrand adhère au Parti québécois et sera candidat dans Mercier contre Robert Bourassa. » Rien de moins ! Plus modeste fut la réalité car, quelques semaines plus tard, Robert Bourassa déclencha des élections et j'acceptai, à la demande du parti, de faire campagne avec nos candidats dans une quarantaine de comtés, tout comme Pierre-Marc Johnson, lui aussi fils d'un ex-premier ministre. Je venais tout juste de commencer à enseigner à l'université, mais réussis tout de même à libérer suffisamment de temps pour m'engager à fond et soutenir mon nouveau parti. Et puis, ultime bonheur, Oanh vint s'installer au Québec pour y pratiquer sa profession de pharmacienne. Notre relation se consolidait ; nous avions même des projets.

Si Oanh faisait l'unanimité, il en fut tout autrement de mon choix politique, qui provoqua, lui, une certaine commotion dans la famille. Ma grand-mère Giroux, rouge de honte en raison de son sang bleu, ne m'adressa pas la parole pendant un certain temps, assurée au fond d'elle-même que la brebis égarée reviendrait au bercail. Mais voilà, le mouton noir persista dans ses convictions. Le temps passa et ma grand-mère adorée vieillit et mourut sans que j'aie expié mon péché. Comble de malheur (le sait-elle, la pauvre?), à ses funérailles, c'est moi, un petit ministre péquiste et séparatiste, qui prononça l'hommage de la communauté à la grande dame de Sweetsburg!

Le Parti québécois perdit l'élection, mais c'est lui qui forma l'opposition officielle. Quant au parti de mon défunt père, il ne fit élire aucun député. L'année suivante, lors d'un grand congrès national, je fus élu, à 27 ans, membre de l'exécutif national du parti. Je m'investis à fond dans le débat sur la tenue d'un référendum pour accéder à la souveraineté et fus même désigné, avec René Lévesque, pour le défendre avec succès devant l'assemblée plénière des délégués. Alors que je me répétais souvent «L'important, pour moi, ce n'est pas de me faire un nom, mais de me faire un prénom!», ce jour-là, ce fut fait.

J'aimais Oanh, elle m'aimait! J'aimais enseigner, mes étudiants m'aimaient! J'aimais la politique, mon public m'aimait! Alors, dites-moi, quel était exactement mon problème? Quel était le problème de ce type qui allait devenir quelques années plus tard un toxicomane?

Car la décennie de ma vingtaine n'annonçait rien de ce qui se dessinerait ensuite. Elle portait en elle mon idéalisme, mes premières véritables passions amoureuses, toutes féminines, la curiosité, la découverte, l'émerveillement, le Québec et Paris, la petite et la grande France, l'Amérique et l'Europe, et ce goût d'embrasser la vie, de prendre mon envol, et de mettre le cap sur le monde, l'humanité et l'universel. Que tombent les frontières, que se taisent les étroits d'esprit;

laissez-moi respirer, permettez que je quitte le bercail pour défier l'inconnu et l'incertain, laissez-moi douter, laissez-moi être libre !

Exceptée la perte de mon père, rien ne vint obscurcir cette exaltante période ; et rien ne permettait de croire que l'enfant troublé ou l'adolescent frustré ne pourrait pas trouver son équilibre. Car, quand j'y repense, je ne revois dans ma vingtaine ni crise majeure, ni révolte, ni rébellion, mais au contraire un jeune adulte qui explose de confiance et de témérité, un être qui s'accomplit sans compromis. Je me sens la force et la volonté de provoquer, de choquer, de bouleverser le *statu quo* et l'ordre établi. Je détache les amarres et je vogue, toutes voiles dehors.

CHAPITRE 5

Enfin !

15 novembre 1976

Il y a, dans l'histoire de tous les peuples, des dates qui font histoire. Celle-là en fut une. Pour le Québec, bien sûr, mais aussi pour moi. Je commençai la journée très tôt. Une campagne électorale particulièrement dynamique venait de se terminer, j'étais candidat du Parti québécois dans le comté de Vanier, à Québec. Comme le veut la tradition, le jour d'une élection, je visitai tous les bureaux de scrutin en compagnie de mes organisateurs. Partout, je croisais des gens souriants, détendus et confiants. Dans leur regard, je lisais le « peut-être possible début d'un temps nouveau ». Difficile d'y croire tout à fait quand on se rappelle les deux défaites qui avaient eu lieu en 1970 et 1973.

J'ai 30 ans. J'ai la passion du Québec… et d'une Québécoise.

Un mois plus tôt, quand Robert Bourassa a déclenché les élections, j'hésitais à me porter candidat, étant sorti dégoûté d'une expérience dans un comté voisin, celui de Charlesbourg. J'y avais milité pendant plusieurs mois pour mettre en place une organisation et rencontrer les membres du Parti québécois en vue d'un congrès qui devait permettre de choisir le candidat officiel. Un des aspirants, médecin de profession, recevait ses patients avec, sur son bureau, la «castonguette» d'un côté et les cartes de membre de l'autre. En peu de temps, il réussit à gonfler artificiellement les effectifs, voguant vers une victoire certaine. Je fus outragé par un tel procédé et, sur un coup de tête, je mis fin à ce cirque en me retirant de la course et en remettant en cause mon engagement politique.

Trois mois après cette aventure, durant tout un après-midi, Marc-André Bédard et Jean-Claude Scraire, qui allaient devenir respectivement ministre de la Justice et chef de cabinet, mirent toutes leurs énergies à m'arracher la décision de retourner dans cette galère. Je résistai pendant trois bonnes heures avant de succomber. Je dus ramer fort ensuite pour remonter le courant puisque, dans Vanier, on était à une petite semaine du choix du candidat. Or, un autre que moi s'y était préparé activement depuis plusieurs mois. Pour faciliter mon intégration, mes deux «tortionnaires» me dirigèrent vers un couple qui s'était grandement investi dans ce comté.

Elle, avocate, lui, architecte, m'ouvrirent tout grands leurs bras et leur cœur dans leur chaleureuse demeure. Je leur avais fait part de mes besoins et ils s'étaient bien préparés à y répondre. Ils me mirent en confiance, m'indiquant les noms qui allaient rapidement donner du poids à ma candidature et m'apporter de la crédibilité auprès des militants. Après quelques bonnes heures de travail, je me sentais mieux équipé pour faire face à la musique et je m'apprêtais à les quitter quand arriva de la cuisine une jeune femme, belle et blonde.

— Ah! On ne vous avait pas présenté notre fille!

— Bonjour, mademoiselle!

— Bonjour, monsieur.

Ce sourire timide, cette lumière dans les yeux. Plantée bien droite devant moi, elle avait un crayon entre les dents, des cahiers sous le bras…

— Devoirs et leçons?

— Oui.

— T'intéresses-tu à la politique, comme tes parents ?

— Bien sûr ! On en parle souvent.

— Pourrais-tu m'aider dans tes temps libres ?

— Ça dépend… Il faudrait d'abord en parler à papa et maman.

Qui, en peu de temps, avec leur fille, formèrent un redoutable trio de précieux collaborateurs. Durant le mois qui suivit, je mis autant d'énergie à séduire cette charmante jeune fille que j'en mis à convaincre l'électorat de mon comté de voter pour le parti. Les deux causes se nourrissaient l'une et l'autre. Je remportai la convention haut la main grâce à une performance oratoire qui souleva la salle, je menai campagne tambour battant aux commandes d'un Winnebago, je multipliai les entrevues, parcourus les centres commerciaux, serrai des milliers de mains, distribuai des centaines de baisers, pourchassant infatigablement la belle Québécoise de mes regards, éloquents pour elle, discrets pour les autres.

En ce jour d'élection, le soir venu, j'ai un œil fixé sur les résultats et un autre sur celle qui observe la scène tout près de moi. Combien de victoires à venir ? Ou combien de défaites ? Dans l'atmosphère nerveuse et fébrile du local du comité où la foule s'est réunie, les premiers chiffres tombent, encourageants, et les résultats se mettent à débouler, creusant l'écart, jusqu'à rouler en rafale vers la victoire ! De voir et de vivre cette joie souriante des militants qui en ont bavé pendant des années pour rendre leurs convictions contagieuses me donne le goût de chanter : « À partir d'aujourd'hui, demain nous appartient, à partir d'aujourd'hui si seulement on y tient… ».

Et ce magnifique Bernard Derome, flairant la bonne affaire, lançant en termes pesés et sentis, un sublime « Radio-Canada vous annonce que, si la tendance se maintient… ». Et elle se sera maintenue cette tendance, reprise triomphalement au centre Paul-Sauvé par un René Lévesque beau de bonheur : « Je n'ai jamais été aussi fier d'être Québécois ! »

Que la fête commence !

La frénésie populaire s'occupa de transporter la victoire de rue en rue, de salle en salle, recueillant, de comté en comté, le bouquet d'heureux élus qu'on envoyait là-haut, sur la colline, parlementer et gouverner. Je m'étais réservé une suite dans un hôtel du centre-ville où j'y accueillis des dizaines d'amis et d'organisateurs gonflés de fierté. Que les Québécois sont beaux quand ils transpirent la confiance !

Cette victoire en main, je me sentais encore de l'appétit pour en vouloir une autre : elle est là, accroupie devant le téléviseur, buvant les succès de « son parti », rayonnante, lumineuse. Ce soir, le pays du Québec adopte des formes de femme : gracieuses ondulations allant, de monts en vallées, vers le grand fleuve. Terre libérée, sur toi je veux planter mon drapeau et t'offrir mon lys ! Laissez-moi m'endormir, ne chuchotez pas. Le cœur de l'élu salue l'élue de son cœur.

Évidemment, vous aurez compris que la belle Vietnamienne avait repris l'avion pour Paris. Au moment d'arrêter les grandes décisions quant à notre avenir, une certaine distance avait commencé à se creuser entre nous. Aux différences culturelles s'ajoutaient de profondes divergences idéologiques. Oanh, élevée dans un catholicisme réducteur et un système politique sud-vietnamien *made in USA*, me heurtait de plein fouet sur des sujets comme la réunification de son pays, l'indépendance du Québec ou l'acceptation de l'homosexualité. À l'ouverture d'esprit, la compréhension et la tolérance, qualités que j'appréciais au plus haut point, elle opposait ses certitudes réactionnaires. Le libre penseur étouffait en moi, j'avais besoin d'air frais.

Il me vint d'une autre femme, une provocante sorcière à la jambe plâtrée, conséquence d'un malheureux accident qui l'obligeait à porter dans ses cuisses des tiges d'acier pour soutenir ses os broyés. Sous ses tenues exotiques, je fis la découverte d'un univers de sensualité. Phallocrate convaincue, « fellationniste » infatigable, elle m'ensorcela et m'amena à des sommets insoupçonnés. Je la perdis au bénéfice d'un de ses professeurs qu'elle réussit, en pleine classe, d'un regard astucieux et audacieux, à mettre à l'étroit dans son pantalon de cuir. Irrésistible ! Chère toi qui demeures encore aujourd'hui ma folle amie !

Au meilleur de ma forme, j'entrepris mon mandat de député en vrai toxicomane : dans la démesure. Ne comptant ni les jours ni les heures, je me défonçai pour en mettre plein la vue. Ignoré dans la formation du premier gouvernement, je compensai par une occupation obsessive du terrain. Comme on disait de l'autre, « Où est Jean-François ? Jean-François est partout ! » On m'affubla rapidement du surnom de Kid Kodak, non sans raison. Je ne refusais aucune invitation, aucune tribune, aucune entrevue ; comme un scout, j'étais toujours prêt ! Trouvant mon comté un peu petit, j'ajoutai à mes tâches des responsabilités régionales et même nationales. Ma petite Renault 15 suivait, tant bien que mal. Je carburais à l'adrénaline, je roulais à un rythme d'enfer.

Me restait-il du souffle pour conquérir un cœur ? Chaque fois que je le pouvais, j'acceptais les invitations des parents de la belle Québécoise pour partager une bonne table dans leur maison. Je m'y retrouvais coincé entre cet adorable couple d'amis et leur fille, craignant de me rendre coupable de sourires et de regards trop insistants. À ce petit jeu-là, je risquais de me brûler. Quel ne fut donc pas mon étonnement et mon ravissement quand, après quelques semaines, un soir, au pied de l'escalier, sa mère me souffla gentiment à l'oreille :

— Jean-François, nous avons senti ton attirance pour notre fille et n'y faisons pas objection. Nous lui avons d'ailleurs dit la même chose.

— Merci de votre confiance. Je me sens déjà beaucoup plus à l'aise.

Belle et heureuse année 1977 qui fit de nous des tourtereaux roucoulants ! Jamais je ne connus passion plus dévorante. Dans le sous-sol de sa demeure, sur fond de Beatles, que d'apprivoisements mutuels, que de caresses, douces et tendres, que de désir ! À mon appartement, que d'étreintes, que d'enlacements, que de fusion !

Je me regarde aujourd'hui, en plein déficit affectif, en pleine rééducation sexuelle et, devant ces souvenirs sans avenir, quelle perte je découvre, quelle souffrance j'éprouve! Ces femmes, tant aimées, qui, aujourd'hui, aiment ailleurs, me pardonnent-elles de les avoir négligées? Je vous vois et vous sens, vibrantes et vertigineuses. Je vous dois reconnaissance pour l'exploration de vos cœurs et de vos corps. Je vous appelle, je vous réclame, mais je le sais, il est trop tard: vous êtes du participe présent, moi, d'un passé bien trop compliqué. Adieu et bonne route!

J'allais et venais, à la recherche de sensations fortes, balayant les obstacles, embrassant frénétiquement la vie, compulsif et excessif, ne me laissant aucun répit pour reposer, et l'amant et le député. Étourdi par tant d'ivresse, je me cherchais un refuge, une évasion, pour survivre. Mes soirées se faisaient nuits et j'y prolongeais mes journées.

Pour l'instant, je me sentais encore au maximum de ma forme. Je n'accordais que peu d'importance au repos de mon corps et de mon esprit. Je m'investissais dans tout avec excès. Je dépassais mes limites. J'abusais. J'entreprenais alors un long périple, en ce temps-là sans nom, qui allait me mener, de façon insidieuse, sournoise et progressive, au plus profond des abîmes.

J'arrose une rose qui se fane, je l'arrose trop, elle se noie.

Ma consommation d'alcool ne m'avait jamais posé problème; bien sûr, comme un peu tout le monde, j'avais connu quelques heures de gloire à l'occasion de soirées bien arrosées. Mais jamais mes comportements n'avaient été altérés par des beuveries à répétition qui m'auraient rendu dysfonctionnel. Et même durant mes premières années en politique, en tant que député, j'arrivais fort bien à m'acquitter de mes responsabilités malgré mon recours de plus en plus fréquent à l'alcool pour me soulager du stress et de la pression du travail.

D'ailleurs, quand je m'aperçus que cela pouvait affecter mon rendement au cours de la journée, je réussis sans difficultés à me passer de vin le midi. Cependant, je me reprenais à l'occasion de soupers qui se terminaient tard, prolongeant ensuite la soirée dans quelques bars sympas de la capitale, allant parfois jusqu'à me proposer pour déposer les chaises sur les tables au moment de la fermeture. Après ces courtes nuits, tôt levé, j'entreprenais une autre journée folle qui n'allait s'achever que dans une autre folle nuit.

Sans me soucier de ma santé physique et mentale, je parcourais mon comté, ma région et le Québec, allant porter la bonne parole, motivant les militants, recueillant des fonds, convainquant la population. Je me donnais tout entier, sans concession. Partout, je récoltais l'estime, l'affection et l'admiration. J'aimais mon public, mon public m'aimait. J'acceptais tout, je ne savais pas dire « non ». Par peur de décevoir, de ne pas en faire assez, de ne pas être à la hauteur. Je n'étais attentif qu'aux attentes des autres. Je négligeais donc ma vie privée et mes amours. Je n'existais que par et pour les autres. Je me fondais en eux. Je plongeais dans le gouffre. Et je disparaissais, emporté dans le tourbillon de la performance, de la perfection et de la pression.

Le 29 avril 1981

Deux semaines auparavant, le Parti québécois avait remporté une autre éclatante victoire et s'assurait d'un deuxième mandat comme gouvernement. Ce dénouement avait été difficilement prévisible, puisque le parti avait essuyé une amère défaite, un an plus tôt, à l'occasion du référendum sur la souveraineté. Mais grâce à l'arrogance des libéraux fédéraux qui leur en avaient fait baver, les Québécois, méprisés et humiliés par l'attitude intransigeante du tandem Trudeau-Chrétien, leur avaient répondu par la bouche de leurs votes. Bien fait !

Ce jour-là, passant du statut de locataire à celui de propriétaire, dans le chic immeuble des Jardins Mérici, rue Grande Allée, à Québec, assis dans le bureau du promoteur, je paraphais le contrat d'achat quand soudain, une employée entra pour me demander de téléphoner immédiatement à ma secrétaire, ce que je fis.

— Danielle ?

— Jean-François, M. Lévesque, veut te parler. Appelle-le immédiatement.

Je m'exécutai aussitôt.

— Oui. Bonjour madame, le bureau de M. Lévesque, s'il vous plaît.

Un instant, monsieur.

Nouvelle attente, puis :

— Bonjour, bureau du premier ministre.

— Bonjour madame, ici Jean-François Bertrand. Il semble que M. Lévesque cherche à me joindre.

— Un instant, monsieur Bertrand.

Elle me met, dans la plénitude du mot, en attente…

— Monsieur Bertrand ?

— Monsieur Lévesque ?

— Où êtes-vous en ce moment ?

— Je signe le contrat d'achat d'un condo !

— Vous avez l'argent pour ça ? ricane-t-il, au bout du fil.

— En faisant attention, ça ira. C'est un petit condo.

— Euh, dites-moi, là où vous êtes, vous pouvez parler ?

— Oui, bien sûr ! dis-je, ramenant le combiné contre moi.

— Écoutez. Ces dernières années, vous avez accompli du bon boulot comme leader parlementaire adjoint à M. Charron. Accepteriez-vous de continuer ?

— Certainement, monsieur Lévesque. Claude est un excellent leader et j'adore le travail parlementaire.

— Bien ! Merci, fit-il, comme si la conversation était terminée. Il y eut un court silence et il ajouta :

— Que diriez-vous si, en plus, je vous demandais d'être ministre des Communications ?

— Pardon ? dis-je, sous le choc.

— Vous avez bien entendu. Alors ? Ça vous intéresse ou pas ?

— Si ça m'intéresse ? Vous ne le savez que trop bien, monsieur Lévesque ! Bien sûr que j'accepte, et avec grand plaisir. Merci pour votre confiance !

— Bon. La cérémonie d'assermentation a lieu demain. Je vous passe ma secrétaire pour les détails. Et puis, pour votre condo, la signature en sera plus légère !

Je raccrochai, me dirigeai vers une table, et signai l'acte d'achat. Puis, me tournant vers le promoteur qui n'avait pas quitté la pièce :

— Voilà. Vous venez d'assister à la nomination d'un ministre au gouvernement. C'est aussi simple que ça.

Enfin ! Après des années d'attente à espérer être appelé au saint des saints, je voyais mes efforts récompensés et mes ambitions honorées. À 34 ans, j'accédais au Conseil des ministres et rejoignais ainsi la formidable équipe de bâtisseurs que les Québécois avaient élue en 1976. De plus, j'héritais d'une responsabilité qui convenait à ma formation et à mon expérience.

Le lendemain, devant une mère fière et ravie, mais qui n'avait probablement pas voté pour le parti de son fils, j'apposai trois fois ma signature dans le grand livre. Je le fis avec la plume dont mon père s'était servi en 1958 au moment de devenir lui-même ministre pour la première fois et je prêtai serment sur la bible qu'il avait utilisée le jour de son assermentation comme premier ministre en 1968. Maman, en concoctant ce scénario, passait le flambeau du père au fils. La tradition se continuait. La dynastie se poursuivait.

Le soir même, au lieu de célébrer ce joyeux événement avec ma famille et mes amis, fidèle à mon style, je choisis de me mettre immédiatement au travail et d'aller surprendre les relationnistes du Québec réunis en congrès dans un manoir champêtre du lac Beauport. Fiers de ma nomination, ils m'accueillirent triomphalement. J'y terminai la soirée, gavé d'admiration. J'avais fait le plein de leur affection, je pouvais rentrer chez moi. Je me mis au lit, mais ne pus fermer l'œil. Ni cette nuit-là ni les suivantes.

Avec le recul, quand on me demande de préciser le début de ma dépendance aux drogues, je retourne inévitablement à ce jour du 30 avril 1981, lorsque je devins ministre des Communications. Car c'est à ce moment-là que j'entrai dans la spirale de la consommation excessive de substances qui allait me mener, à partir de 1990, dans cinq centres de traitement différents pour suivre sept thérapies en l'espace de dix ans.

En effet, dans les jours qui suivirent, je m'activai dans mes nouvelles fonctions avec un zèle peu commun, multipliant les rencontres, passant d'une réunion à l'autre, lisant tout ce qui me tombait sous la main, me familiarisant rapidement avec mes dossiers, noircissant mon carnet de rendez-vous, sans pour autant négliger mes responsabilités de député, acceptant même d'occuper le poste de ministre responsable de la région de Québec. Quand j'aperçois certaines affiches où l'on peut lire « ouvert 24 heures par jour, 7 jours par semaine », j'ai l'impression que la formule décrit mieux que tout le rythme frénétique que je m'imposais à cette époque.

Pourquoi agissais-je ainsi ? Comment expliquer cette compulsion dans le travail ? Qu'est-ce qui me portait à tant d'excès ? Bien sûr, j'aimais passionnément la politique, et le fait de me voir investi de si hautes responsabilités me poussait davantage au dépassement. Et je désirais bien sûr plaire à M. Lévesque, et faire en sorte qu'il se réjouisse de son choix en me voyant performer au maximum. Pour rien au monde, je n'aurais voulu le décevoir, lui, et tous ceux qui ne manqueraient pas de m'évaluer dans mes fonctions. Mais en même temps, j'outrepassais mes limites et je menais une vie déséquilibrée.

Quand je rentrais chez moi, toujours très tard (ou très tôt), je n'arrivais pas à me détendre convenablement pour entreprendre une bonne nuit réparatrice. Je me couchais, la tête remplie de préoccupations, incapable de trouver le sommeil. Je repassais les faits et gestes de ma journée, je me questionnais, je préparais le lendemain. Ni paix, ni calme, ni tranquillité, ni sérénité ne trouvaient place dans mon esprit. Cela dura un bon moment, je tins le coup quelques semaines. À ce rythme-là, j'allais sûrement m'effondrer. Il fallait réagir.

— Docteur, j'accumule nuit blanche sur nuit blanche. Je commence mes journées fatigué, je les termine épuisé. Je n'arrive plus à me relaxer, je suis tendu, je suis stressé. Je ne peux pas continuer comme ça, il faut que j'arrive à me reposer et à dormir.

— Je comprends. Avec les responsabilités que vous avez, ce n'est pas évident. Écoutez, je vais vous prescrire un médicament qui va vous permettre à la fois de vous relaxer et de dormir. Prenez du Dalmane au coucher, ça devrait vous aider.

C'est ce que je fis. M'avait-il dit d'éviter l'alcool avec ça ? Je n'en ai aucun souvenir. Alors, j'en pris. Après quelques jours, je sentis les effets bienfaisants de ce médicament et j'en bénis le ciel. Enfin, je réussissais à dormir. Plus frais au lever, je retrouvai l'énergie d'affronter des horaires surchargés. Le soir venu, je me détendais avec du bon vin, quelques digestifs, et, de restaurants en bars, je continuais de prolonger mes journées, sûr que ma petite pilule allait tout effacer. Erreur. Grossière erreur.

Le Dalmane, je ne l'apprendrai que plusieurs années plus tard, fait partie de la famille des benzodiazépines, des médicaments généralement prescrits pour diminuer ou supprimer les manifestations d'anxiété ou d'angoisse, pour calmer et apaiser, pour faciliter la relaxation musculaire et pour conduire au sommeil. En revanche, les benzodiazépines peuvent provoquer une perte de la mémoire des faits récents, une baisse de la vigilance, une diminution des réflexes et de la somnolence. La prise d'alcool au cours d'un traitement aux benzodiazépines comporte certains risques, car cette combinaison entraîne une potentialisation des effets dépresseurs qui se traduit par une détérioration des performances psychologiques et motrices. Ces médicaments peuvent aussi conduire à une dépendance physique et psychologique favorisée par la durée du traitement, la dose administrée, les antécédents d'autres dépendances, et l'association à l'alcool. Cette double dépendance entraîne, à l'arrêt brutal du traitement, un phénomène de sevrage dont les principaux symptômes de manque sont l'anxiété, l'irritabilité, l'agitation, l'insomnie et les douleurs musculaires. Ouf !

Jamais au grand jamais, au moment où le médecin m'avait prescrit du Dalmane, ne m'avait-il fait part de l'une ou l'autre des conséquences que comporte l'absorption de ce médicament. Pire, deux ou trois ans plus tard, lorsque mon organisme se fut accoutumé à cette pilule et y devint trop tolérant, ce même médecin décida de m'en administrer une autre, le Serax, qui allait, lui aussi, après un certain temps, ne plus me faire d'effet, du moins pas celui que je recherchais. C'est donc dans l'ignorance que j'ingurgitai, 52 mois durant, deux médicaments qui, combinés à l'alcool, créaient un méchant cocktail explosif. Quelques désagréables anecdotes illustrent fort bien jusqu'où cela m'entraîna.

Une de mes connaissances m'avait fait découvrir un bar clandestin qu'on semblait tolérer. Boisson, danse et billard y attiraient une clientèle de yuppies branchés. Je m'y amenais quelquefois avant de rentrer chez moi après un souper bien arrosé, retrouvant une atmosphère faite de musique rock, de fumée et de lumière tamisée. Une fois ramolli par l'alcool, je pouvais y passer des heures. Un de ces soirs, mon chauffeur me ramassa dans un état que je qualifierais de « pas très honorable ». J'avais beaucoup bu et, probablement très fatigué, je m'étais couché et endormi… sous la table de *pool*. Il me ramena chez moi et me coucha dans mon lit. Au matin, quand je me réveillai, je n'avais plus aucun souvenir de ce qui s'était passé. Mon chauffeur prit soin de me rafraîchir la mémoire. « Les benzodiazépines, combinées à l'alcool, peuvent… » Hé oui, j'avais eu un *black-out*, un « trou noir ».

Il y en eut d'autres.

J'étais attablé avec les ministres Jacques Parizeau et Clément Richard dans un des bons restaurants de Québec. Bonne bouffe, bon vin. Le souper semblait s'être déroulé correctement jusqu'à ce que, au milieu du repas, je quitte la table pour me rendre aux toilettes qui se trouvaient à l'étage. Quand je redescendis, plutôt que de rejoindre mes collègues, je sortis du restaurant. Me voyant revenir vers la voiture, mon chauffeur m'y fit entrer, me ramena à la maison, m'étendit sur un divan et me rafraîchit le visage à l'aide d'une serviette froide. Pendant qu'il s'exécutait et répétait son geste secourable, je l'exhortai à me conduire à l'appartement d'une copine pour y passer la nuit. J'arrivai là-bas en zigzaguant, me retenant sur un mur et sur l'autre. Elle me laissa entrer et je m'y endormis comme évanoui. J'appris, le lendemain, que la soirée au restaurant s'était plutôt mal déroulée. J'en étais venu aux invectives avec M. Parizeau qui m'aurait menacé de me retirer la responsabilité de Radio-Québec. Nous avions attiré l'attention des autres convives et nous nous étions fort mal comportés. Je n'en avais aucun souvenir. «Les benzodiazépines, combinées à l'alcool, peuvent…» Un autre «trou noir». Encore un !

Je remplis mon mandat ministériel sous l'influence des médicaments et de l'alcool, me plaçant, moi et le gouvernement, dans des situations risquées qui auraient pu s'avérer ennuyeuses, voire tragiques. Heureusement, il n'en fut rien. J'arrivais, malgré tout, à m'acquitter de mes responsabilités sans trop de difficultés. Chaque jour, cependant, je jouais avec le feu. De plus, aux nombreuses fonctions que j'assumais déjà, s'ajouta celle, combien stratégique, de leader parlementaire du gouvernement, à la suite du départ précipité de Claude Charron, lequel venait de connaître sa part d'épreuves personnelles. Ma foi, comment pouvais-je m'occuper de tous ces dossiers en continuant à m'engouffrer dans la consommation excessive d'alcool et de médicaments? Où pouvais-je trouver toute cette énergie indispensable à l'accomplissement de mes nombreux mandats? N'avais-je pas conscience de la gravité de la situation?

Je tentai parfois de cesser d'absorber des médicaments mais, après quelques jours, les effets du sevrage devenaient tellement insupportables que je devais y revenir rapidement pour retrouver mon «équilibre». Un jour, victime des conséquences néfastes d'un arrêt subit de médication, je téléphonai au premier ministre pour justifier mon absence comme leader à l'Assemblée nationale. Heureusement, il trouva le moyen d'en rire et de m'encourager.

Personne ne savait rien de ce que je vivais. Un simple appel à la secrétaire du médecin me permettait de renouveler mon ordonnance. Pendant quatre ans, de 1981 à 1985, personne ne m'aida à résoudre mon problème. Quant à moi, j'étais à mille lieues d'y comprendre quoi que ce soit. Je me voyais bien dépérir, mais j'étais incapable de faire le lien entre mes attitudes et mes comportements, qui commençaient à changer, et ma consommation d'alcool et de médicaments. Le mal s'installait et progressait, insidieusement, sournoisement.

Sur le plan affectif, c'était le vide. La belle Québécoise m'avait quitté après dix-huit mois de fréquentations et j'avais encaissé le coup très durement. Elle dut souffrir de mon harcèlement. Dans l'espoir de recouvrer son amour, je me fis insistant, je la suppliai, je m'accrochai. Rien n'y fit. Tant mieux pour elle.

Ma peine d'amour dura deux bonnes années. Je me mis alors à rechercher des aventures pour noyer ma peine. J'adoptai des comportements insensés. Par exemple, pour retrouver une fille qui m'était tombée dans l'œil, je me mis un jour à aller de maison en maison sonner chez des gens et les réveiller en pleine nuit sans trop savoir où la jeune femme habitait.

À l'occasion d'un souper chez des amis, organisateurs dans mon comté, je m'entichai d'une étudiante fort charmante. Notre relation fut tumultueuse. Pour la première fois de ma vie, j'avais décidé de vivre avec une autre personne. C'était tout un défi pour un solitaire comme moi. La pauvre, je lui en fis voir de toutes les couleurs, allant de crise en crise, et de rupture en rupture. Les sentiments que j'éprouvais pour elle étaient très forts, mais la politique passait avant eux. Cet épisode eut lieu pendant cette fameuse période qui me vit m'enliser dans la consommation explosive de médicaments et d'alcool, de vie épuisante, d'horaires inhumains. Ce qu'elle a dû souffrir de mes excès, la belle étudiante, pendant toutes ces années ! Qu'elle me pardonne !

Ma trentaine si bien entamée en plein soleil et en pleine gloire se concluait dans la nuit noire. J'étais engagé dans un processus de destruction physique et psychologique et, sans le savoir, je m'y enlisais. Comme les conséquences n'étaient pas encore désastreuses, je me crus suffisamment énergique pour poursuivre ma vie personnelle et profession-nelle au même rythme infernal. Mon corps et mon esprit ne sentaient pas les dommages que mon comportement leur causait : tout était gelé.

René Lévesque me démit de mon poste de leader parle-mentaire, ma motivation et ma concentration diminuaient, la charmante étudiante me quitta, je sombrai, sans le savoir, dans un état dépressif.

— Comment ça va, monsieur Bertrand ?

— Très bien, très bien !

À la vérité, monsieur le ministre n'allait pas bien du tout. Mais voilà, il ne le savait pas encore.

CHAPITRE 6

En quarantaine

Un soir du mois de septembre 1985, je mange au restaurant Apsara, à Québec. À ma gauche, toujours ce tableau de Gauguin avec son « Qui suis-je ? D'où viens-je ? Où vais-je ? », et sur ma table, des dossiers qui accompagnent immanquablement mes repas en solitaire. Je mange, je lis, je bois, je lis. Absorbé. Soudain, je lève les yeux et aperçois une fort jolie femme qui vient d'entrer. Croisant mon regard, elle s'arrête tout à coup, me fait un beau sourire, et s'approche.

— Jean-François ? Quel hasard !

— Salut…

À l'évidence, elle me reconnaît. Moi pas.

— Ça fait tellement longtemps qu'on ne s'est pas vus !

— Euh, oui… Il faut dire que je suis passablement occupé… Toi, ça va ?

— Oh, moi aussi, j'ai beaucoup de travail, mais ça va. Écoute, je retrouve mes deux amies et je reviens te voir tout à l'heure.

Voilà bien le genre de situation qui m'embarrasse. « Qui est cette femme qui me tutoie et qui m'appelle par mon prénom ? On s'est donc déjà vus ? Où ? Quand ? Avec qui ?

Dans quelles circonstances ? Rien. Néant. Mystère. Il faut que je trouve, sinon j'aurai l'air fou à son retour. »

Je passai une bonne heure à m'interroger et à me tourmenter. En vain : pas de réponse, le vide. « Attention, la revoilà ! »

— Assieds-toi !

— Merci. Je ne resterai pas longtemps, j'enseigne demain.

«Tiens ! Elle enseigne ? Je ne vois toujours pas. »

— Et ça va, l'enseignement ?

— Oui, plutôt bien.

«Mon Dieu, aidez-moi ! »

— C'est incroyable ! Je pense que la dernière fois qu'on s'est vus, c'était à l'inauguration des Galeries de la capitale. À l'époque, tu t'en rappelles, j'étais avec Dennis.

Enfin, j'y étais ! Marie. La blonde de Dennis, député libéral à Ottawa. Et moi, ministre péquiste à Québec. « J'étais avec… », avait-elle dit ?

— On s'est laissés. J'ai un appartement et je vis seule maintenant.

— Ah bon !

Que voilà une belle affaire qui tombait plutôt bien ! Moi aussi, comme elle, je vivais maintenant seul et ne refuserais certainement pas de m'amouracher de nouveau. Je gardais en effet de beaux souvenirs des quelques rencontres que l'exercice des relations fédérale-provinciale permettait entre députés de niveaux et de partis différents. Et puis Dennis et la belle Marie formaient un bien joli couple. J'entrai donc, ce soir-là, en processus de rapatriement unilatéral de l'ex-fiancée du gars d'Ottawa !

— Écoute, Marie, que dirais-tu si on allait prendre le dessert au Café de la paix ? Ils proposent un petit digestif fait de sept liqueurs différentes. Ils appellent ça le «Prestone» ! Pris cul sec, c'est tout comme, ça lubrifie !

— D'accord, mais pas longtemps. Je dois me lever tôt demain.

— Ça tombe bien, moi aussi.

Au café, Benito nous reçut avec sa bonne humeur habituelle. Comme cela m'arrivait à l'occasion, j'allai dans la cuisine y faire mon petit numéro et préparer moi-même un sabayon, revêtu de la toque et du tablier.

Le séducteur fouette pour épater la galerie. En tenue de conquête, je sors mes armes : à l'abordage ! Marie et moi enfilons quelques digestifs, partageons de bons moments, et sortons de là bien éveillés.

— Veux-tu que je te raccompagne ?

— Merci, j'ai ma voiture.

— Bon, alors, bonne nuit. Euh, je pourrai t'appeler ?

— Jamais un péquiste ne m'a téléphoné, mais tu peux essayer !

— Compris !

Bises, pudiques.

Un an après ces retrouvailles, le 30 août 1986, je fis de Marie, ma femme. Le péquiste séparatiste épousa la libérale fédéraliste. Oui, monsieur le curé, « pour le meilleur et pour le pire » !

Au cours des semaines suivant notre première rencontre, je n'eus que peu de temps pour les loisirs amoureux. À la suite de la démission de René Lévesque, le Parti québécois se cherchait un nouveau chef. Les militants arrêtèrent leur choix sur Pierre-Marc Johnson qui, peu de temps après son entrée en fonction, décida de déclencher des élections qui auraient lieu le 2 décembre.

Je menai une campagne électorale sous le coup de la fatigue physique, mentale et morale qui s'était accumulée pendant neuf ans d'intense vie politique. Épuisé et démotivé, je ne cachai pas à mes proches que le résultat m'importait peu tellement je n'arrivais plus à maintenir le rythme et à garder intact mon enthousiasme. Et puis, je me permettais de plus en plus d'incartades pour satisfaire mes besoins affectifs, sachant bien que ce ne serait pas Marie qui se plaindrait de ma défaite, et ce, à tous les points de vue…

Elle arriva, la défaite. On l'avait prédit à mon parti, mais pas à moi : « Tout le monde t'aime, Jean-François, tu vas gagner ! » Ah oui ? J'y passai en même temps que les autres. Je réagis en parfait démocrate, comme mon père, poussant même la noblesse jusqu'à aller à la rencontre de mon adversaire pour lui souhaiter bonne chance et lui offrir ma collaboration afin de faciliter la transition. Ses supporters, qui n'en revenaient pas, n'eurent d'autre choix que d'applaudir ! Validant l'aphorisme selon lequel « qui perd, gagne ».

Cette défaite me permit en effet de gagner sur trois fronts : la santé physique, la santé professionnelle et la santé affective ; rien de moins. Car, dans les heures, les jours, et les semaines qui suivirent, il se passa des choses qui allaient radicalement changer ma vie.

Les heures…

Au soir même de la défaite, à l'Auberge des Gouverneurs de Sainte-Foy, je descends de l'estrade après avoir prononcé un discours dans le but de réconforter nos troupes. Se présente soudain devant moi un grand type qui, cérémonieusement, sort de sa poche sa carte d'affaires et me la brandit sous le nez.

— Monsieur Bertrand, je suis le directeur des programmes à la station radiophonique CHRC de Québec. Nous aimerions vous parler.

— Ah bon ! Le moins qu'on puisse dire, c'est que vous êtes plutôt vite en affaires.

— C'est vrai. Mais avant que d'autres aient la même idée, nous souhaiterions vous faire une proposition.

— Eh bien ! Le poste d'Arthur me veut, après avoir dit du mal de moi pendant dix ans ? Faut l'faire !

— Ça ne nous empêche pas d'apprécier vos grandes qualités de communicateur.

— Bien sûr, bien sûr. Écoutez. Laissez-moi quelques jours, je vous rappellerai.

Ainsi commença ma carrière d'animateur à la radio. Au moment même de mon mariage l'année suivante, je pris le micro pour une émission d'affaires publiques à l'heure du midi. Quelle belle vie ! Petit travail, seulement cinq jours par semaine, et gros salaire. Quel changement, quel répit, quel repos ! Et dire que l'instigateur de cette offre n'était nul autre qu'André Arthur. Amusant retour des choses…

J'allais y travailler pendant trente mois.

Les jours…

Peu de temps après ma défaite, Marie me sensibilisa à l'importance, après toutes ces années de vie folle, d'aller passer des examens médicaux pour faire le point sur mon état de santé. Sage idée. Vers la mi-décembre, à l'Hôpital Saint-François d'Assise, pendant quelques jours, j'allai subir une batterie de tests. Malgré toutes les agressions que mon corps avait encaissées pendant dix ans, je recevais, émerveillé, des résultats fort réjouissants, pour ne pas dire, surprenants. Quelle résistance !

Ma joie ne dura pas.

— Écoutez, monsieur Bertrand. À propos de cette petite tache mauve que vous avez sur l'abdomen, le dermatologue a procédé à son analyse et en conclut qu'il s'agit d'un mélanome.

— Pardon ? Un quoi ?

— Un mélanome. C'est une petite tumeur.

— Mais encore ?

— En d'autres mots… un cancer de la peau.

L'affreux mot à l'odeur de mort. Moi ? À 39 ans ? Cancéreux ? J'étais ébranlé, secoué.

— Euh ! Excusez-moi, docteur. On fait quoi avec ça ?

— Écoutez. Au stade où vous en êtes, on peut procéder à une intervention chirurgicale avec, disons, une bonne possibilité de rémission. S'il n'y a pas de récidive durant les cinq prochaines années, vos chances d'une totale guérison sont élevées.

J'appris la nouvelle à Marie qui, sereine dans les circonstances, en fit part à son médecin de père. Ils accoururent tous deux à mon chevet et tentèrent de me rassurer du mieux qu'ils le pouvaient. Leur présence aimante me réconforta et me motiva pour affronter le monstre.

— Docteur, on opère. Et vite.

— Si vous êtes prêt, on peut procéder dans deux ou trois jours.

— Procédez, docteur, procédez.

Quelques jours plus tard, je sortis de là avec une immense soif de vie et d'amour…

Les semaines…

De vie et d'amour… Enfin, j'avais trouvé ce qui m'avait tellement manqué durant toutes ces années : le temps. Le temps de prendre mon temps, de ne rien faire, ou de m'occuper à de toutes petites choses. Quel bonheur ! Et puis, cet amour grandissant vers lequel je dirigeais toutes mes énergies : Marie, si resplendissante, qui m'accompagnait de délicates gentillesses durant ce passage d'une vie turbulente à une vie plus calme, plus sage. Jusqu'à ce jour de Pâques en avril…

Maman nous avait invités à *bruncher* à l'Auberge Bromont. S'y trouvait aussi ma jeune sœur, Marie. À table, je fais face à ma mère. Les deux Marie, sitôt assises, se lèvent pour aller se servir. Pendant leur absence, je m'adresse à maman :

— Ouais, ben, je pense que le temps est venu.

— Le temps est venu de quoi ?

— De me décider.

— Te décider à quoi, Jean-François ?

— À me marier.

— Quoi ?

— À me marier avec Marie.

Les deux Marie reviennent à table. Ma mère, sous le choc, se tourne vers l'élue :

— Félicitations !

— Félicitations pour quoi, madame Bertrand ?

— Bien, pour la grande décision !

— Quelle décision, madame Bertrand ?

— Bien, toi et Jean-François. Votre mariage.

— Ah bon. Vous me l'apprenez.

Je ne comprendrai que plusieurs années plus tard qu'en agissant ainsi, c'est ma mère que je demandais en mariage. Et que Marie n'en était que sa représentation. Quand j'y réfléchis, je trouve ça drôlement révélateur de la relation incestueuse que ma mère et moi avons toujours entretenue. Marie, qui ne voyait rien de tout ça, parut surprise, mais ravie. Le soir même, par un subterfuge amusant, j'agis de manière semblable avec ses parents pour leur apprendre la nouvelle. C'était scellé, nous allions nous épouser. Et Marie, un peu étonnée du procédé, consentit.

Pendant tout ce temps, je continuais de consommer alcool et médicaments. Voulant me débarrasser du Serax, je pris rendez-vous avec le directeur d'un Centre de désintoxication. Sûr de lui, il me suggéra d'abandonner les Dalmane et les Serax, ces médicaments causant beaucoup trop de dépendance, pour les remplacer par de l'Ativan, un nouveau médicament sans effets secondaires… Ah oui ? Hélas ! Il s'avéra pire que les deux premiers et ne fit qu'amplifier ma dépendance. Et comme ma consommation d'alcool augmentait, je me retrouvai devant un problème qui s'aggravait.

En juillet 1988, j'ai 42 ans. Mon ami Jean-Pierre m'invite à festoyer dans un club gai de Montréal, le David. Quelques jeunes et beaux danseurs excitent leur public. Je m'émoustille à la vue de ces beaux corps.

— Jean-François, suis-moi en bas, aux toilettes.

— O.K.

Nous y entrons et fermons la porte.

— Essaye ça.

— C'est quoi ?

— De la *coke*.

— Ah oui ?

— Tu vas voir. Ça fait un maudit effet.

Il fit quelques lignes de cette poudre blanche, roula un billet de 20 $ et me le remit.

— Tiens. Vas-y. Prends-en.

Je mis le 20 $ dans ma narine et je sniffai une ligne de *coke*. Peu de temps après, je me sentis devenir euphorique, mes sens étaient en émoi. J'étais excité, sensuellement et sexuellement. Je remontai au bar et fixai un jeune danseur dont j'eus le goût tout à coup de m'emparer. Il vint vers moi. Je lui fis une proposition :

— Veux-tu qu'on *trippe* ensemble ?

— Oui, bien sûr !

— Ça te dirait de monter à Sainte-Adèle avec moi, à la résidence de mon ami Jean-Pierre ?

— Oui. Allons-y.

Je le fis monter dans ma voiture et je filai vers le Nord. Durant l'heure qui suivit, je fis des projets de voyage avec lui, n'écartant même pas un éventuel mariage. Nous chantions, nous nous excitions, nous attendions impatiemment d'arriver chez Jean-Pierre pour pouvoir nous emporter et exulter. Sitôt arrivés, nous nous sommes arraché nos vêtements et nous sommes extasiés devant notre nudité avant de nous lancer dans un ballet de provocation et d'exhibitionnisme qui nous transporta dans un nirvana de jouissance et de plaisir. Cela dura toute la nuit. Je venais de découvrir le paradis et n'espérais qu'une chose, y rester.

Cela allait durer 14 ans, jusqu'au 10 juillet 2002.

Au début, une faible quantité de poudre blanche me procurait des heures de jouissance. De plus, je pouvais m'en passer pendant des semaines, sans difficultés. Mais, il n'en demeure pas moins que j'ajoutais ainsi une autre substance à ma consommation déjà abusive d'alcool et de médicaments, ce qui contribuait à me détruire encore davantage. À cette époque, je ne connaissais pas les effets pervers de la cocaïne et ne me méfiais pas, réagissant correctement d'une fois à l'autre. Quelle illusion !

La cocaïne peut être reniflée, fumée ou injectée par voie intraveineuse. Fréquemment mélangée à d'autres substances qui coupent sa pureté et accroissent sa dangerosité, elle est un stimulant du système nerveux central et provoque une euphorie fébrile, un sentiment de puissance intellectuelle et physique, et une suppression de la fatigue, de l'appétit et de la douleur. Après cette période d'euphorie, au fur et à mesure que la consommation progresse, une sensation de malaise accompagnée d'anxiété et d'agitation s'installe, ce qui pousse à répéter la prise de *coke* à un rythme de plus en plus effréné. Quand le *trip* s'interrompt, l'usager cherchera à se détendre pour accéder au sommeil en faisant appel à divers tranquillisants et dépresseurs comme l'alcool et le cannabis.

Stimulant très puissant, la cocaïne provoque une dépendance psychologique importante. En effet, il est presque impossible de cesser d'en consommer tant la nécessité d'en reprendre est forte. L'apaisement, même avec la consommation d'une autre substance, s'avère la plupart du temps négligeable. Sur le plan physique, les vaisseaux sanguins, contractés et insuffisamment irrigués, s'appauvrissent et meurent ; c'est le cas de ceux de la cloison nasale, qui peut même se perforer. Des troubles du rythme cardiaque et d'hypertension artérielle peuvent être à l'origine d'accidents cardiovasculaires, notamment chez les personnes qui consomment de fortes quantités de tabac, d'alcool et de cannabis.

Sur le plan psychologique, la cocaïne peut provoquer une grande instabilité d'humeur, de la paranoïa, des hallucinations, surtout auditives, des états de panique et, parfois, une psychose toxique caractérisée par la perte de contact avec la réalité. Quant à l'activité psychique, elle augmente, entraînant des insomnies, des phases d'excitation et des troubles de mémoire. Ouf !

Ai-je besoin de vous dire que les *pushers* et les petits vendeurs ne pensent surtout pas à offrir un dépliant d'information lorsqu'ils remettent leurs sachets! De toute façon, durant les premières années, c'était mon «ami» Jean-Pierre qui me fournissait ma drogue: sans rabais, au prix fort, et quelquefois de mauvaise qualité. Au début, je me contentais de *sniffer* ma *coke*, mais plus tard, quand je déménageai à Montréal, devenu trop tolérant aux lignes de poudre, je pris un dérivé beaucoup plus puissant et addictif: le *crack*, qu'on appelle aussi *freebase*.

On l'obtient en chauffant la cocaïne avec du bicarbonate de soude — la p'tite vache de nos frigos — et de l'eau. Il se présente sous forme de petites roches qui, en chauffant, forment une fumée qu'on inhale, opération qui provoque des craquements, ce qui lui a valu son nom. Ce mode de consommation produit des effets immédiats et beaucoup plus intenses que ceux de la cocaïne prisée: le produit se rend plus rapidement au cerveau, la durée de l'effet euphorisant est plus brève et la descente est beaucoup plus désagréable. L'usage régulier de *crack* peut provoquer des hallucinations, entraîner des comportements violents, des épisodes paranoïdes, mener à des pensées suicidaires et à une psychose toxique. Il cause également des dommages au cerveau, peut affecter les voies respiratoires et provoquer des arrêts respiratoires ou cardiaques qui peuvent entraîner la mort. Sa consommation régulière crée rapidement une dépendance psychologique très forte et persistante. Même après avoir cessé d'en prendre, les usagers restent souvent soumis à des altérations de l'humeur et connaissent pendant plusieurs mois des rechutes éventuelles. Re-ouf!

Quant à l'injection intraveineuse de *coke*, qui s'obtient en mélangeant la poudre avec de l'eau, je n'en fis la tentative qu'une fois, durant cette nuit du 1er juillet 1996 sur laquelle je ne veux pas revenir, dans tous les sens du mot, sinon pour dire que ses effets et ses conséquences s'assimilent beaucoup à ceux du *crack* et du *freebase*.

J'étais donc engagé sur la voie de l'autodestruction qui allait m'entraîner dans une longue descente aux enfers. Marie, avec qui je vivais depuis deux ans, ne se doutait de rien. Mon rythme de consommation n'était pas encore inquiétant et les conséquences fâcheuses ne se manifestaient toujours pas. Je demeurais fonctionnel et continuais d'animer mon émission quotidienne à la radio. Comme je ne croyais pas être dépendant de l'alcool ni des médicaments, je ne soupçonnais absolument pas que cette drogue dont je venais de faire usage allait m'entraîner aussi loin et m'affecter aussi profondément.

Depuis un bon moment, la rumeur circulait à l'effet que je me porterais candidat à la mairie de Québec pour y remplacer Jean Pelletier, qui terminait un troisième mandat. Des amis me suggéraient d'y aller parce que ma notoriété et ma crédibilité dépassaient celles de la majorité des personnalités de la région. J'y songeais, mais j'hésitais. J'appréciais grandement ma nouvelle vie, plus reposante, moins stressante. Et puis, davantage conscient de ma consommation excessive, je me posais de sérieuses questions sur mes capacités physiques et psychologiques de retourner dans l'arène politique. Je gardais en mémoire l'état dans lequel je m'étais trouvé quelques années plus tôt, à la fin de mon mandat de député et de ministre.

Durant l'été 1988, celui-là même où je goûtai pour la première fois à la cocaïne, je décidai de partir en voyage en Ontario et aux États-Unis, avec mon « ami » Jean-Pierre. Avec un sondage plus que favorable sous le bras, j'allai réfléchir à tout ça pour me faire une tête. Au retour, je m'enfermai pendant trois jours à l'hôtel Bonaventure à Montréal pour y écrire un texte que je souhaitais rendre public. Tout bien pesé, je couchai sur papier ma décision de ne pas retourner en politique. Revenu à Québec, je m'apprêtais à la faire connaître aux médias. Cependant, apprenant le décès de la mère de M. Pelletier, je me rendis au salon funéraire pour offrir mes sympathies au maire :

— Merci, monsieur Bertrand. Oh, puisque vous êtes là, j'aimerais vous inviter chez moi, la semaine prochaine. J'aimerais discuter de certaines choses avec vous.

— Bien. J'y serai.

Dans sa magnifique demeure, rue des Braves, il me reçut avec sa courtoisie habituelle. Sa charmante épouse se joignit à nous, mais nous quitta rapidement pour nous permettre de discuter. L'entretien pouvait commencer.

— Monsieur Bertrand, je n'ai pas l'intention de demander un renouvellement de mon mandat à la mairie de Québec, et je vous propose de prendre la relève en acceptant de me succéder comme chef du Progrès civique.

— Pardon ? répondis-je, interloqué.

— Vous avez bien compris. Et ne me dites pas que ça ne vous tente pas, ajouta-t-il, sourire en coin.

— Ce n'est pas cela, monsieur Pelletier. Mais voilà, j'ai, dans ma valise, un texte que je compte rendre public dans les prochains jours, dans lequel j'écarte mon retour à la politique.

— Dans ces conditions, vous avez peu de temps pour changer d'idée, pour peu que ma proposition mérite que vous y réfléchissiez davantage, bien sûr.

— Ouais… Donnez-moi quelques jours, je vous en reparlerai.

— Bon alors, vous savez où me joindre.

Je le quittai, déstabilisé. Il m'offrait le poste sur un plateau d'argent, je n'avais qu'à tendre la main et on me remettrait les clés de la ville. Que faire ? La perspective d'accéder à la mairie avait tout de même quelque chose d'excitant…

Quinze ans plus tard, je reconnais avoir commis une très grave erreur que je regrettai. Malheureusement trop tard. En envoyant par-dessus bord le texte d'une réflexion mûrie, en changeant mon fusil d'épaule, en me laissant influencer sans réagir, je me détournai du choix lucide que j'avais fait et acceptai de piler sur mes convictions pour satisfaire mon ego et mes ambitions. En rejoignant un parti d'affairistes qui détenait le pouvoir depuis un quart de siècle, je piétinais mes valeurs et mes principes. Il ne me fallut pas beaucoup de temps pour m'en rendre compte. À tous les points de vue, en agissant ainsi, je m'étais manqué de respect. Et j'allais écoper.

Entre le jour de ma décision finale et définitive, soit le 8 mai 1989, et le jour de l'élection, le 5 novembre de la même année, je connus des crises d'angoisse à répétition et dus même être hospitalisé durant une nuit entière. Mon corps manifestait le profond malaise qu'il ressentait devant ce que je considère être une erreur de jugement. Durant ces six mois d'une trop longue campagne, j'avais souvent souhaité reculer, mais il était trop tard. Je buvais la ciguë. Même si j'apportais des changements majeurs au programme et à l'équipe, même si les sondages me consacraient déjà vainqueur, même si les gens se précipitaient pour travailler avec moi, j'étais de plus en plus malheureux parce que je niais mon désir de mener une vie différente en respectant mes besoins fondamentaux. Je filai vers une victoire certaine… jusqu'à ce fameux débat où tout bascula.

Je m'étais fort bien préparé à rencontrer mon adversaire, Jean-Paul L'Allier. Peu avant l'affrontement, on nous installa chacun dans des salles différentes pour nous donner le temps de nous détendre. L'heure venue, chacun se dirigea vers le studio. Je ne comprendrai que plus tard l'importance et la signification de l'événement, véritable suicide politique qui allait faire tourner le vent et miner mes chances d'être élu maire. Pendant l'heure que dura le débat, je ne fus que l'ombre de moi-même et ne profitai d'aucune des occasions que me laissait mon adversaire pour marquer des points. M. L'Allier, que la population connaissait moins que moi à Québec, réussit à impressionner par son aisance et sa fougue. À l'évidence, son appétit de vaincre était plus grand que le mien.

Je sortis de là, sonné. À la vue des mines basses de mes conseillers, je compris rapidement ce qui venait de se passer : ma contre-performance avait changé la donne. À partir de là, j'aurais toute une côte à remonter. Dans les heures qui suivirent, on enregistra l'ampleur des dégâts qui furent confirmés par les tribunes téléphoniques et les sondages des jours suivants. Profondément secoué, je vis ma motivation retomber et me laissai gagner par le découragement. Les derniers jours de la campagne furent pénibles ; je devais me botter le derrière chaque matin pour entamer ma journée.

Arriva ce qui devait arriver : je mordis la poussière. Plusieurs de mes proches, dont ma mère, avaient espéré une victoire qui ne vint jamais. En apprenant les résultats du vote, je préparai un petit discours en calant plusieurs verres de vin blanc. Je me présentai à l'Hôtel de ville, saluai rapidement Jean Pelletier, félicitai Jean-Paul L'Allier, et m'adressai à la foule réunie dans la salle du Conseil. Marie se tenait courageusement à mes côtés. Je me comportai dignement et assumai ma défaite.

Je retournai chez moi, soulagé et libéré. Mon corps et mon esprit retrouvèrent une certaine sérénité et mes crises d'angoisse disparurent, comme par enchantement. Je savais, moi, que ce n'était pas un hasard : « Qui perd, gagne », me dis-je encore une fois. Grâce à cette défaite, je pouvais me réinstaller dans le confort que j'avais quitté dix-huit mois plus tôt. Au cours des mois suivants, je bénis le Ciel de m'avoir épargné le stress et la souffrance qui auraient été les miens pendant quatre ans. N'eut été de ce débat raté, j'aurais peut-être remporté la victoire, mais avec quelles conséquences sur ma santé !

Durant les six mois de la campagne, par prudence, j'avais cessé de consommer de la cocaïne. Toutefois, dès le lendemain de ma défaite, je me hâtai de reprendre le temps perdu et me défonçai avec deux de mes amis. Quelle joie bienfaisante ! Sans retenue, je me vautrai dans la poudre et le sexe, exorcisant un passé douloureux qui m'avait brisé. Ni remords ni regret. J'avais besoin de me geler, d'anesthésier mon corps et mon esprit pour oublier les mauvais traitements que je m'étais imposés durant ces mois peu glorieux.

Après l'élection à la mairie, on me proposa d'animer une autre émission d'affaires publiques à la station radiophonique CJRP, qui appartenait à Radiomutuel. Évidemment, j'acceptai. J'y restai trente mois et y retrouvai le rythme de vie beaucoup plus calme que j'appréciais. Malheureusement, je repris aussi mes habitudes de consommation et continuai de m'engourdir avec les médicaments, l'alcool et la drogue. Le 25 juillet 1990, après une autre nuit destructrice, je rentrai chez moi abattu. Marie, qui souffrait depuis un certain temps de me voir revenir au condo dans cet état, décida d'agir. À cinq heures du matin, elle appela ma sœur aînée qui habitait Montréal, laquelle communiqua avec le frère de Jean Lapointe. Quelques minutes plus tard, le téléphone sonna. Marie répondit.

— Bonjour madame. C'est Jean Lapointe à l'appareil.

Elle le salua et me tendit le combiné :

— Écoute, mon cher Jean-François, je comprends très bien ce que tu vis en ce moment. Je suis passé par là. Ce n'est pas facile, mais on peut t'aider. Alors, viens-t'en. Je préviens le personnel de la Maison. Rends-toi à l'accueil, on t'attend.

Sur le quai de la gare, j'embrassai Marie. Trois heures plus tard, j'allais me retrouver en thérapie pour trois semaines.

J'avais 44 ans. J'avais un problème que je ne pouvais pas régler seul, j'avais besoin d'aide.

CHAPITRE 7

Marie

J'avais commencé à me questionner sur mon mariage…
le soir de mon mariage.

Dès le retour de notre voyage de noces en France, j'affichais une mine terne et taciturne. Marie cherchait à comprendre, mais au lieu de me confier, je me refermais sur moi-même, telle une huître. Je me demandais si, sous le coup d'une passion impulsive, je ne m'étais pas avancé trop rapidement. Le doute m'envahissait. Les préparatifs m'avaient effrayé. J'étais un peu comme dans le collimateur, incapable de faire marche arrière. Ce faisant, je manquais d'honnêteté, face à Marie et face à moi-même.

J'aimais cette femme. En elle je retrouvais les qualités que je recherchais : intelligence, culture, sensibilité, humanisme, générosité, douceur, empathie, compassion et cette belle forme physique qui lui donnait si fière allure. Elle était un bon parti ! Pendant nos premières années de vie commune, nous semblions filer le parfait bonheur. Nous adorions fréquenter les bonnes tables de Québec et développer des relations amicales et chaleureuses avec tout le personnel. Marie se plaisait énormément dans ma famille, tout comme moi dans la sienne.

Tous deux passionnés de voyages, nous nous gâtions à l'occasion de nos nombreux séjours à l'étranger. Chaque fois que nous partions, nous resserrions nos liens et donnions un nouvel élan à notre vie de couple. Avant que je tombe dans la drogue, Marie faisait peu de cas de ma consommation d'alcool et de médicaments, même si, à l'occasion, elle me faisait remarquer ma tendance à commander d'autre vin après en avoir bu une bonne bouteille à deux. Et cela allait toujours en augmentant.

Quand je commençai à consommer de la cocaïne, Marie remarqua que je rentrais de plus en plus tard. Je lui racontais que j'avais prolongé mon souper et ma soirée avec un ami, et qu'on s'était retrouvés dans un bar pour poursuivre la conversation. Mensonge. Chaque fois que j'invoquais cette raison, je camouflais mes dérapages. Elle avala mes histoires pendant quelques mois jusqu'à ce qu'elle s'étonne de mes comportements de plus en plus étranges. À mon retour de quelques nuits rocambolesques, j'arrivais éméché et amoché. J'allais m'asseoir à l'écart dans un fauteuil, honteux. Marie se réveillait et venait me rejoindre pour constater l'état dans lequel je me trouvais. Et après une de ces nuits, la vérité éclata :

— Qu'y a-t-il, Jean-François ? Ça fait des mois que ça dure et ça m'inquiète.

— Ça ne va pas, Marie, je prends de la drogue.

— Ah, non ! … Remarque, je commençais à me douter de quelque chose. Ça fait combien de temps que tu en prends ?

— Quelques mois.

— Et c'est quoi, cette drogue ?

— La *coke*.

— Tu en prends beaucoup ?

— Pas trop.

— Et tu fais ça tout seul ?

— Non.

— Avec qui ?

— Un ami, mais tu ne le connais pas.

— Et là, qu'est-ce que tu as l'intention de faire avec ça ?

— Je ne sais pas. Je ne sais pas.

Marie fit preuve d'une grande ouverture d'esprit et de beaucoup de compréhension. Elle ne me jugea ni ne me condamna. Mais ma situation l'attristait. Elle cherchait à m'encourager, m'incitant à chercher de l'aide. Mais je résistais. Je minimisais les effets de ma consommation, d'autant plus qu'elle n'avait pas encore de conséquences trop désastreuses. Je m'illusionnais car, dans les faits, je développais trois dépendances qui faisaient de moi un véritable polytoxicomane.

Mon comportement ressemblait à celui de tous les toxicomanes : je niais mes problèmes en les banalisant. Je me croyais capable de contrôler ma consommation et ne voyais pas la nécessité ni l'utilité de recourir à des ressources extérieures. Inconscient, emporté dans une spirale que je ne savais pas sans fin, mon orgueil dominait mon intelligence. Marie, pour se protéger, décida à mon insu de se joindre à un groupe d'entraide dont l'objectif était de soutenir les conjoints d'alcooliques et de toxicomanes. Impuissante devant mon problème, elle apprit peu à peu à lâcher prise. Quelquefois, à la maison, je tombais sur des dépliants d'information à l'intention des personnes qui vivaient des difficultés comme les miennes. Je les feuilletais, je les lisais, mais feignais le détachement. Jusqu'à ce 25 juillet 1990.

J'entrai à la Maison Jean-Lapointe pour toutes sortes de mauvaises raisons. Mes motivations pour suivre une thérapie manquaient de clarté. D'abord, je le faisais beaucoup pour les autres, pour Marie surtout, et pour ma famille, et ne le faisais que très peu pour moi. Ensuite, je ne me considérais pas comme un pharmacodépendant, un alcoolique, et un cocaïnomane. Je consommais trop, je le savais, mais je me vendais l'idée que je pouvais y mettre un peu plus d'équilibre. Enfin, je croyais pouvoir éliminer une ou deux substances, par exemple les médicaments et la *coke*, tout en continuant de boire de l'alcool.

C'était me méprendre sur la nature même de mes problèmes. J'appris, au cours de cette thérapie, que je devrais, pour m'en sortir, cesser toute consommation de quelque substance psychoactive que ce soit. Je n'aimais pas ce que j'entendais, mais j'acceptai tout de même d'aller jusqu'au bout de ma démarche, au cas où cela donnerait des résultats qui, malgré tout, me réjouiraient. Et puis, je souhaitais sincèrement faire plaisir à Marie et mettre du baume sur les plaies que mon comportement avait ouvertes.

Je revois son grand sourire radieux quand, le 15 août, ma thérapie terminée, nous tombâmes dans les bras l'un de l'autre, contents de poursuivre notre relation sur des bases plus solides. Pour célébrer ce nouveau départ, ma sœur aînée nous invita à dîner en évitant de mettre tout alcool sur la table. Cela m'offusqua, puisque je ne voulais pas que ma femme, ma famille ou mes amis changent quoi que ce soit à leurs habitudes.

De retour à Québec, le soir même, pour fêter l'événement, j'invitai Marie au Chalet suisse pour y manger leur excellente fondue chinoise. Je compris alors combien allait être douloureuse mon abstinence et déplorai l'absence d'un bon vin pour accompagner ce plat que je n'avais jamais pris à jeun, bien au contraire.

Il n'empêche que les mois suivants me permirent de ressentir une grande libération. C'était une triple libération, puisque je ne retouchais à aucune des substances qui m'avaient servi de béquilles pendant si longtemps. Marie me voyait plus en forme, plus serein, et plus heureux. J'entrepris même de me joindre à un groupe d'entraide pour entretenir et consolider ma toute jeune abstinence. Un dimanche matin, j'entrai dans un sous-sol d'église pour l'une de ces réunions. Arrivé en retard, je vis plusieurs dizaines de têtes se tourner vers la porte d'entrée : des bouffées de chaleur me montèrent le long du corps. Que se disaient-ils en voyant apparaître ce personnage public qu'ils reconnaissaient ? Ce moment de nervosité passé, je remarquai des personnes connues, et même des amis, rassemblés là dans le but de s'aider et se soutenir. Cela m'apaisa. On vint vers moi avec beaucoup de tact et de doigté, on m'accueillit avec simplicité et générosité, on m'entoura d'affection et d'amitié.

Nous sommes en août 1990. Marie et moi fêtons, dans des conditions plus agréables, notre quatrième anniversaire de mariage. Dix mois plus tôt, j'ai encaissé la défaite à la mairie de Québec, et une autre station radiophonique, CJRP, une concurrente de celle d'André Arthur, m'a offert son micro. Presque en même temps, je fais mes débuts à la télévision, à TQS, toujours dans le domaine de l'information.

Je retiens des quelque sept ans où j'ai évolué dans cet environnement que les médias d'information exercent un pouvoir considérable dans le façonnement de l'opinion publique. Quand j'étudiais et enseignais en communications, on répétait souvent que l'information représentait le quatrième pouvoir dans nos sociétés, après les pouvoirs exécutif, législatif, et judiciaire. Avec le recul, je me rends bien compte que le pouvoir de l'information, des médias et des journalistes les dépasse tous. Leur influence est considérable, parfois même inquiétante, certains groupes et individus se comportant de manière irresponsable dans le traitement et l'analyse qu'ils font des enjeux et des acteurs, allant même jusqu'à démolir des gens et détruire des réputations sur la seule base de rumeurs, de faits et gestes non vérifiés, de « m'a-t-on dit » et « on raconte que », bêtement motivés par la vengeance, la mesquinerie, voire la pure méchanceté.

Mon jugement serait un peu court si je n'ajoutais pas du même souffle que l'information, surtout quand on en multiplie les sources, contribue grandement à démocratiser le débat, à libérer la parole, à dénoncer l'injustice, à exalter la dignité humaine, à affranchir l'Homme, à magnifier la beauté. Noble métier, lourde responsabilité, le journalisme, compris et pratiqué dans une perspective de meilleure connaissance et de plus grande compréhension de l'Humanité et de l'Univers, représente une des plus belles missions sociales : ceux qui l'exercent, dans le respect des règles élémentaires des codes d'éthique et de déontologie de leur profession font œuvre, c'est ma conviction profonde, de libérateurs de la Pensée et de l'Action.

Si tout se déroulait assez bien du côté professionnel, ma relation avec Marie commençait graduellement à se dégrader. Je suis conscient aujourd'hui, en écrivant ces lignes, de la difficulté que purent éprouver les personnes qui ont tenté de vivre avec moi. Comment dire… Je crois que je ne possède aucune des qualités requises pour réussir une vie de couple. Voilà ce que je pense. C'est clair, c'est net, la cause, quant à moi, est entendue. Et je n'ai pas l'intention de prier et d'attendre le secours du Ciel pour qu'il me règle ça et me débarrasse de cette incapacité. J'affirme du même souffle que cela n'a rien à voir avec les personnes que j'ai rencontrées, désirées, et aimées tout au long de mon existence. Encore moins Marie qui, de toutes les personnes qui m'ont voulu du bien, est celle qui s'est le plus investie pour composer avec la situation que je lui imposais, trop souvent intenable et insupportable.

S'il est vrai que l'homme n'est pas fait pour vivre seul, faut-il, pour autant, qu'il se sente obligé, voire condamné, à vivre en couple ? Je me demande ce que cache cet acharnement que nous mettons à rechercher l'âme sœur pour ensuite lui imposer notre présence ? Ce besoin d'être deux, de penser à deux, d'agir à deux, que signifie-t-il pour chacun ? Je ne réponds pas, je ne tranche pas. À vrai dire, je ne me questionne même plus. Je m'accueille ou plutôt j'accueille cette différence qui me fait penser autrement que la majorité. Je bénis ma capacité de vivre seul, plutôt que de blâmer mon incapacité à vivre en couple. Que je les trouve beaux, ces frères et sœurs, ces amis qui évoluent avec leurs conjoints, grandissent avec leurs enfants et vivent en harmonie avec eux, toutes choses que je ne connais pas et ne connaîtrai jamais, mais que je respecte et admire.

En tout amour que j'offre et partage, je m'aventure dans l'impossible. Je suis blessé, je blesse à mon tour, et je souffre de blesser. Dans cette joute à deux partenaires, chacun ressort meurtri bien qu'aucun ne l'ait voulu ainsi. Impitoyable condition humaine qui me soumet à ses dures réalités. Que de passions se sont essoufflées au fil du temps, se réduisant à des jours et des nuits invivables, pour elle, pour lui, pour moi. Et toujours cette nécessité absolue d'en sortir pour retrouver un peu d'air frais à respirer. Je me vois encore réclamer mon espace vital, ma bulle, mon oxygène, comme pour me protéger des intrusions qui m'étouffaient et m'agressaient. Et toujours ce foutu bruit que j'entendais ou que je croyais entendre et qui m'obsédait, point de rencontre entre mes malheurs et mes malaises. Oui, je leur en ai fait baver, à toutes ces belles personnes, avec mon obsession maladive.

Je revis le crescendo compulsif des exigences que je formulais et des conditions que j'imposais à la personne que j'aimais pour m'aider à supporter ces bruits qui me rendaient fous :

- je faisais chambre à part, par crainte de l'entendre bouger ou même respirer ;
- je montais le volume de la radio ou de la télévision pour enterrer les bruits de bouche que j'entendais au moment des repas, surtout quand les mets étaient croquants et croustillants ;
- je remplissais le lave-vaisselle ou le vidais moi-même, ne supportant pas qu'elle fasse autant de bruit ;
- je n'endurais pas ses talons de bois sur le plancher, j'exigeais qu'elle fasse poser des talons de caoutchouc à ses souliers ;
- je ne supportais pas le bruit que faisaient deux bracelets qui se frottent l'un sur l'autre, il fallait qu'elle ne porte qu'un seul bracelet ;

- je ne tolérais pas qu'elle joue avec son porte-clés parce que ce bruit m'énervait;
- je ne supportais pas qu'elle mâche de la gomme.

Ce n'est qu'une très courte liste de mes desiderata, mais qui illustre bien l'ampleur de ma phobie du bruit, dirigée presque exclusivement vers ces proches que j'aimais et que j'aime encore, autant de femmes et d'hommes, copines et copains, frères et sœurs dont la présence m'est pourtant si nécessaire et si bienfaisante. Me couper ainsi de mon univers relationnel, me priver du simple bonheur d'être avec eux, me contraindre à si peu de rapports réels, quel calvaire, quel enfer je me suis imposé en même temps que je les y plongeais. Cette impuissance, cette fatalité, je tente aujourd'hui de l'accepter et de l'assumer, sans envie ni jalousie.

Ma vie affective tient maintenant à l'intensité et à la profondeur des rencontres que j'accueille comme des moments bénis, faits de regards et de sourires, d'échanges et de partage, se trouvant souvent au carrefour des verbes aimer et aider. Quant à ma triste phobie, je rends grâce à la tolérance de mes proches et souhaite ardemment qu'elle ne rende pas impossibles nos joyeuses amitiés. Car, autour de moi, se profilent des silhouettes auxquelles j'aimerais donner forme d'amour, mais voilà, je n'y arrive pas. Quelquefois, ces êtres s'insinuent dans ma solitude, y vivent un certain temps, me troublent, et repartent, sans doute parce que je n'ai pas voulu les retenir. Parce que je les ai craints, je les ai éloignés, repoussés, et rejetés. Ainsi agit cette phobie du bruit, infâme manifestation d'une fracture émotive et d'une rupture affective.

Marie, intelligente et lucide, s'occupa à conserver son propre équilibre. Résolue à prendre soin d'elle-même, elle se créa un environnement sain, cultivant de solides amitiés, pratiquant des activités sportives stimulantes, surtout le ski, s'accordant des sorties réparatrices, s'investissant à fond dans l'enseignement, s'occupant avec dévouement de ses parents, gardant un contact continu avec ses frères et sœurs et avec les miens, refusant courageusement de se laisser entraîner dans ma dérive. Et quelle dérive !

Mon abstinence dura sept mois, mais elle s'arrêta là. Je ne garde aucun souvenir des circonstances de ma rechute, mais je retrouvai immédiatement après mes habitudes de consommation d'alcool et de cocaïne. Je me rendis compte aussi, ce qui allait m'être reconfirmé dans mes thérapies suivantes, qu'on reprend là où on avait laissé : on ne repart pas à zéro. Je repris les mêmes quantités au même rythme et ne fis que m'enfoncer davantage. Seule consolation, ma dépendance aux médicaments disparut et ne revint jamais, c'était toujours ça de gagné ! Mais ma descente aux enfers allait se poursuivre pendant trois autres années avant que je décide de retourner en thérapie. Coup sur coup, je perdis mes emplois à la radio et à la télévision, me mis à végéter pendant quelques mois, me retrouvai à Montréal dans une boîte de relations publiques que je dus quitter au bout de six mois.

Pendant la même période, je vécus un événement qui me réconcilia avec la nature humaine. En 1993, Lucien Bouchard qui avait démissionné du gouvernement de Bryan Mulroney fonda le Bloc québécois. Comme il travaillait à se constituer une équipe en vue des élections fédérales, je demandai à le rencontrer. Il acquiesça. Le rendez-vous eut lieu dans une suite du Château Frontenac. Pendant une bonne demi-heure, nous discutâmes de l'intérêt de mon éventuelle candidature et du rôle que je pourrais jouer auprès de M. Bouchard. Le climat était bon, la conversation agréable. Quand ce fut scellé, je sentis le besoin et le devoir de lui confier :

— Monsieur Bouchard, il faut que vous sachiez que j'ai des problèmes d'alcool et de drogue. J'ai suivi une thérapie en 1990. Depuis, j'ai rechuté mais, en ce moment, ça va mieux.

— Monsieur Bertrand, j'apprécie que vous preniez les devants pour m'en parler. C'est tout à votre honneur. J'étais au courant de vos difficultés et je comptais bien vous poser quelques questions à ce sujet. Sachez que, dans la mesure où vous persistez dans vos efforts, vous pourrez toujours compter sur mon appui.

— Merci. Votre ouverture d'esprit et votre compréhension me touchent.

Quelques semaines après cette rencontre, m'enlisant encore davantage, incapable de mettre fin à ma consommation régulière, je décidai de ne pas retourner en politique et de ne pas mécontenter un homme qui m'avait accordé toute sa confiance. Deux ans plus tard, en 1995, il me réitéra son soutien lorsque j'acceptai d'être candidat de son parti lors d'une élection partielle dans le comté de Brome-Missisquoi, celui-là même que mon père et ma mère avaient représenté, à Québec et à Ottawa, pendant 34 ans. Cette fois, je m'abstins de toute consommation pendant quatre mois, menai une campagne enthousiaste, et mordis tout de même la poussière, le comté étant composé d'une forte minorité anglophone qui s'était massivement rangée derrière le candidat libéral. Dans certains coins du Québec, on s'affirme bien davantage comme Canadien anglais que comme Anglo québécois et on ne s'est pas gênés pour me le faire savoir. Chers vous autres, va !

Je revins à Québec, malgré tout satisfait d'avoir amélioré les résultats du Bloc québécois. «Victoire morale», a-t-on l'habitude de dire ! Je communiquai avec Marie, et comme c'était le jour de la Saint-Valentin, je lui proposai une sortie dans un chic restaurant. Nous avions chacun un petit cadeau ; le sien, une simple photo d'elle, enfant, me fit pleurer. Et pour cause. Un an auparavant, jour pour jour, Marie s'était retrouvée seule pour célébrer la fête des amoureux, après l'annonce douloureuse que je lui avais faite, trois jours auparavant, de la quitter, définitivement.

Les nuages s'étaient multipliés dans notre ciel conjugal, nous traversions des zones de turbulence, nous n'habitions plus ensemble. D'abord dans deux maisons distinctes, ensuite dans deux villes différentes. Je me sentais glisser de plus en plus vers une séparation et un divorce. Perspective peu réjouissante, pour elle surtout, qui continuait de croire en un heureux renouement et d'espérer un retour à la vie commune. Mais voilà, je m'éloignais de plus en plus. Si Marie avait la santé physique et mentale pour relever le défi, je continuais, moi, à me détruire et à m'enfoncer. Et puis, je ne parvenais plus à surmonter ma phobie du bruit qui s'amplifiait, je ne me sentais plus le droit de l'affliger de mes caprices. J'épuisais sa tolérance, je minais ses efforts. Il devint clair qu'il me fallait agir.

Marie, que j'avais aimée d'amour, je l'aimais désormais d'amitié.

Je mis fin à notre périple ensemble, convaincu que, une fois passée l'inévitable tristesse, nous trouverions chacun la voie de l'apaisement. Dix ans plus tard, nous y sommes enfin parvenus, capables de rencontres et de conversations sereines. Sur ma table de chevet, une photographie de nous deux, beaux et souriants, me rappelle les jours heureux. Preuve que ni la séparation ni le divorce n'ont altéré les sentiments sincères et profonds que nous continuons d'éprouver l'un pour l'autre. Je me réjouis d'ailleurs des liens agréables que j'ai su conserver avec la plupart des femmes qui ont donné vie à ma vie.

Amants et amoureux qui vivez en couple, je vous tire mon chapeau, vous qui parvenez, malgré tout ce qui pourrait vous en dissuader, à persister à faire durer l'harmonie. Chapeau à vous aussi qui, dans la lucidité, mettez fin à une vie à deux insatisfaisante. À vous, enfin, honnêtes et clairvoyants, qui choisissez de ne pas vous contraindre à un engagement qui ne vous convient pas, chapeau ! Entre un projet qui échoue et un autre qui ne voit pas le jour, tout ce qui compte, c'est se respecter. Toutes mes thérapies m'ont appris qu'il n'est rien de plus difficile et destructeur que la dépendance affective, résultat d'un profond vide et d'un sérieux déficit. Piètre estime de soi, manque de confiance, difficulté à se connaître et à s'accepter, mal d'être et mal de vivre, combien d'humains sont devenus des «quêteux» d'amour parce qu'ils n'ont pas su s'aimer eux-mêmes.

S'aimer soi-même, voilà la clé, voilà le défi.

Toutes mes dépendances m'ont ramené aux vraies questions auxquelles tout être humain doit tenter de trouver des réponses, surtout dans ce nouveau siècle. Jamais n'aurons-nous été autant sollicités pour nous conformer à des modèles qui ne nous correspondent pas, mais qui nous imposent des valeurs, des attitudes et des comportements aliénants. Jamais les gens n'auront-ils autant abdiqué, baissé la garde devant le pouvoir des autres. Jamais la dictature des esprits et des cœurs n'aura-t-elle fait autant de ravages. Propos alarmistes ? Oui, sans doute. Mais il me semble qu'il est plus que temps de battre le rappel des troupes, de dénoncer l'imposture, d'affirmer notre autonomie, et de remettre de l'humain dans l'humain.

Ce siècle a un urgent besoin d'un supplément d'humanité.

Je tends l'oreille, j'ouvre les yeux, et je me demande : ma vie, ce trop bref passage sur terre, elle rime à quoi ? Quel sens a-t-elle ? Que dois-je en faire ? Certains matins, je me lève avec le goût de changer le monde ; certains soirs, je me couche en lui disant de s'arranger tout seul. Car, notre monde me déçoit davantage qu'il ne me réjouit. Ici même, au Québec, dans une société où règnent l'abondance et l'opulence, nos réactions me dépriment. Des fois, j'aurais le goût de crier : «Vous êtes pas tannés de vous plaindre, bande de chialeux ? » Nos critiques ont perdu le sens de la mesure, nous faisons preuve d'irresponsabilité chronique. Individuellement et collectivement, nous souffrons de la maladie du «c'est à cause de… ». Les problèmes, les difficultés, les épreuves, les erreurs, c'est toujours à cause des autres, c'est toujours la faute des autres, rarement de soi. Lisez les journaux, écoutez la radio, regardez la télévision ; voilà le triste spectacle que nous offrons : une société de gérants d'estrade même pas capables de gérer leur propre vie.

— Dites, monsieur Bertrand, avez-vous l'intention de retourner en politique ?

— Retourner en politique ? Pour dire quoi ? Pour faire quoi ? Me voyez-vous vraiment m'adresser aux gens en affirmant : « C'est fini et terminé l'ère des gouvernements qui vont endosser et assumer notre propre irresponsabilité. C'est fini et terminé de camoufler nos propres défauts et déficiences, d'accuser les dirigeants de n'être qu'une bande de profiteurs et d'incompétents. C'est fini et terminé de demander en même temps le pain et l'argent du pain. Quand finirez-vous de vous en remettre toujours aux autres au lieu de régler vous-mêmes vos propres affaires ? C'est fini et terminé de demander d'investir toujours plus d'argent dans les services pour masquer l'incapacité des entreprises à s'organiser différemment et à travailler ensemble. C'est fini et terminé la dépendance sociale qui bafoue la dignité humaine. » Vous voulez que je continue ? Vous croyez que le monde est prêt à entendre ça ?

J'enrage de nous voir ainsi. J'en ai assez de notre insatisfaction et de notre apitoiement sur ce coin de terre privilégié. A-t-on seulement conscience que nous sommes au sommet et, qu'en dessous de nous, des centaines de millions d'êtres humains, des enfants surtout, n'attendent que la frugale portion dont nos appétits insatiables les privent ? J'ai mal de me sentir impuissant à soulager cette détresse, celle d'une Humanité qui n'existe qu'en petites lettres, victime de notre orgueil et de notre arrogance.

Le sens de ma vie… Oui, bien sûr, me changer d'abord, avant de vouloir changer le monde. Ces vingt ans de toxicomanie que je n'ai pas demandé de vivre, bénis soient-ils ! Car ils ont su me rapprocher de l'essentiel, de l'humain, qui fait encore tellement défaut à notre monde. Mais je ne peux, ni ne veux m'arrêter là, et je trouverai bien la forme que prendront ce besoin et ce désir d'aider.

Ce détour me ramène à l'amour, à mes amours.

Je revois et revis mon enfance et mon adolescence, déchiré dans ma double attirance, faisant l'aller-retour à l'intérieur de ma quête d'identité. Et puis, tout à coup, pendant vingt-cinq ans, toutes ces femmes qui m'auront illuminé, exalté, et embrasé. Et qui, puis-je l'espérer, n'ont pas trop souffert de ma folie. Après Marie, sauf quelques brèves aventures, se ferma le livre de mes belles passions pour les femmes. Et, dois-je le dire, contre ma volonté. Car c'est la cocaïne qui, depuis 1988, m'a carrément fait basculer dans le camp de l'autre sexe, en passant par une phase transitoire de bisexualité. Mais, à l'aube de ma cinquantaine, vers le milieu des années 90, tout était accompli : ma consommation de drogue et de sexualité empruntait la voie de la délinquance et de la prostitution.

Attachez-vous et suivez-moi en direction des bas-fonds.

CHAPITRE 8

Voyeur et exhibitionniste

Je remercie Dieu d'avoir mis la cocaïne sur mon chemin. Grâce à elle, j'ai connu des plaisirs sexuels décu-
plés, centuplés ; j'ai atteint des sommets insoupçonnés et
ressenti des jouissances indescriptibles, mais bien réelles.
Pendant 14 ans, sous l'effet euphorisant de la cocaïne, je
me suis déchaîné et j'ai mené une vie sexuelle débridée,
débarrassée de tabous et de préjugés. Renversées les barrières,
abolies les limites, je me nourrissais de fantasmes, j'imaginais des scénarios, je me complaisais dans le voyeurisme
et l'exhibitionnisme.

Que je n'y sois parvenu qu'avec des hommes après avoir
passé vingt-cinq ans entouré de femmes que j'aimais
m'oblige à une profonde réflexion. Car durant cette longue
période de consommation, je n'ai souvenir que d'une seule
relation sexuelle féminine sous l'effet de la drogue, avec une
lesbienne par surcroît. J'ai repéré des pistes, trouvé des expli-
cations, et j'ai compris l'essentiel : sous l'influence de la
cocaïne, je recréais mon univers d'adolescent et revivais mes
premières attirances, reproduisant ainsi le modèle secret et
caché de l'interdit. Et malgré quelques vagabondages amoureux avec quelques femmes, vers le milieu des années
90, l'essentiel de mes rapports sexuels allait se concentrer

117

sur ces jeunes hommes vers qui toutes mes pulsions me dirigeaient.

Aujourd'hui, j'ai l'impression que la drogue m'a permis d'accéder à une orientation sexuelle qui respecte ma véritable identité, mais je n'en suis toujours pas convaincu. Le fait de me considérer comme gai ne m'agace pas du tout et ne me fait pas honte, mais, pour que je m'en flatte, encore faudrait-il que je me reconnaisse comme tel. Or, de la même façon que j'ai dû me sevrer de la cocaïne et des comportements que j'adoptais immanquablement lorsque j'en consommais, il m'a fallu aussi me donner le temps de voir clair dans une sexualité qui a été coupée de toute vie affective signifiante et valorisante. En termes clairs, je me sens bien confus et j'ai besoin de me réapproprier cette dimension importante de la vie par un sérieux examen intérieur. D'où la nécessité de prendre du recul et même, pourquoi pas, de m'imposer une certaine abstinence. Mais ça, je le reconnais humblement, ce n'est pas toujours facile. Loin de là.

Nous sommes le 1er juillet 1995, un an jour pour jour avant cette terrible rechute, celle de l'*overdose*, consécutive à des injections intraveineuses de cocaïne. J'habite le dernier étage d'un appartement extraordinaire dans le Vieux-Port de Québec, où j'ai une vue imprenable sur le fleuve, tout près des traversiers qui mènent à Lévis. On sonne. Je réponds au téléphone qui sert à déverrouiller la porte.

— Salut, Jean-François. C'est Maxime.

— Oh ! Maxime ? Quelle belle surprise ! Monte.

Ça faisait bien deux ans que je fantasmais sur lui. Je l'avais d'abord remarqué chez des amis, puis, désireux de le revoir, j'ai multiplié les occasions de le croiser de nouveau. Quel beau mec, quel séducteur ! Début vingtaine, un tantinet pudique et timide, il dégageait une sensualité qui me faisait beaucoup d'effet. Je suis tombé sous le charme.

Je m'endormais souvent en imaginant des scénarios de conquête comme celui que j'évoque ici.

Fin de soirée, je suis en route vers Montréal. Je l'aperçois sur l'accotement, il fait du pouce. J'arrête ma voiture, ouvre la fenêtre, et l'invite à monter.

— Salut. Tu vas à Montréal ?

— Oui.

— Tu t'appelles ?

— Maxime.

— Joli prénom.

Tout le long du trajet, je le déshabille du regard : je voudrais déposer ma main sur sa cuisse, la caresser de bas en haut et m'approcher de cette forme que je devine, là, sous la fermeture éclair. J'hésite, je me retiens, je doute, je crains sa réaction. Il me jette une salve de regards et de sourires provocants, se laisse glisser du siège et, dans un même mouvement, il ouvre tranquillement les jambes jusqu'à ce que je découvre l'objet de mon désir.

— Tu vas faire quoi à Montréal ?

— J'étudie à l'UQAM, en lettres.

— Et tu habites seul ?

— Avec une coloc.

— Ta blonde ?

— Non.

— Elle t'attend ce soir ?

— Non, demain seulement.

— Ah !

Quelle merveilleuse idée ce serait de s'arrêter en chemin, de louer une chambre, et d'y passer la nuit.

Mon imaginaire poursuit son visionnement, nous sommes près du lit à présent :

— Mets-toi à l'aise, Maxime, je vais prendre une douche.

J'en sors quelques minutes plus tard, une serviette autour de la taille. Maxime est assis dans le fauteuil, torse nu, peau bronzée, poitrine sculptée, abdomens musclés. Il me fixe. J'éteins les lumières, sauf une petite lampe, près du lit, pour mieux apprécier le clair-obscur sur nos corps. Et là, je le désire…

Mais voilà que le fantasme se dissipe, rêverie consciente, souffrante et troublante, qui s'évanouit dans la nuit.

Dans la relation complice de la cocaïne et de la sexualité, les fantasmes et les pulsions dominent. Ils envahissent la pensée, s'incrustent dans le cerveau, et dictent la conduite du toxicomane. Et même après le sevrage physique, les assauts vont se poursuivre longtemps encore à cause de cette dépendance psychologique tenace qui continue d'obséder l'esprit et de maintenir le cocaïnomane dans un état de grande fragilité. D'où, des rechutes innombrables, et combien démoralisantes.

Je reviens à cette journée où Maxime me rend visite. Mon fantasme frappe à la porte.

— Entre, Maxime, entre !

— Je te dérange ?

— Non, non, pas du tout. Viens, assieds-toi.

Ça fait bien sept ou huit mois qu'on ne s'est pas vus. Une première fois, je l'avais invité au restaurant. Je voulais le connaître davantage, mais aussi, je l'admets, le convaincre de prolonger la soirée chez moi. Il avait accepté. Après avoir acheté de la bière et du vin, je lui proposai de renifler quelques lignes de cocaïne avec moi. Il en avait déjà pris. Je concrétisai mon fantasme en me dirigeant vers la douche et en revenant au salon, les hanches enroulées dans une serviette. Il m'observait, prudent. Je m'exhibais sous tous les angles et adoptais des poses excitantes. Il joua l'indifférent et, quand je l'invitai à passer la nuit, il n'eut aucune réaction, mais entra tout de même dans ma chambre. Là, il se dévêtit en me tournant le dos. Une fois les lumières éteintes, il se coucha, repoussa le drap de ses pieds et se masturba. Je retirai sa main pour y déposer la mienne, savourant le toucher, et je l'amenai à l'orgasme. Il se retourna sur le côté, se recroquevilla en fœtus, position qu'il conserva toute la nuit. Pendant tout ce temps, de mon côté, j'espérai un geste qui ne vint jamais. Je sortis insatisfait de cette expérience, et même un peu frustré.

Il n'était pas sitôt assis que je me risquai à lui demander:

— Maxime, j'aimerais *tripper* avec toi.

— Hum… je ne sais pas.

— Tu vas voir, ça va être bon.

— O.K. Mais, donne-moi le temps d'aller chercher mes choses chez moi, pour demain.

— Ça me va. Veux-tu *sniffer* une ligne avant de partir? Je t'accompagnerai ensuite en voiture.

— D'accord.

On renifla un peu de poudre blanche, question de s'allumer. Dans la voiture, on sentit les premiers effets, et cette hâte de revenir rapidement pour poursuivre le *trip*. J'anticipais le retour, en me remémorant notre dernière rencontre. Mais, cette fois-ci, je ne fus pas déçu. Après quelques autres bonnes lignes de *coke*, Maxime prit l'initiative d'aller vers ma chambre, d'allumer la lumière, et de m'y attendre. Dès que je le rejoignis, il se déchaussa et détacha sa chemise, un bouton après l'autre, avant de la déposer sur le lit. Puis, il fit de même avec son pantalon, et s'allongea contre moi.

Tout passif qu'il fût, il semblait se plaire dans la nudité. Il ne se dérobait pas à mes touchers. Je le caressais, allant et venant, avec un plaisir et un appétit insatiables, toujours à la recherche de sensations nouvelles, comme pour jouir de sa jouissance. Plus la nuit avançait, plus Maxime laissait libre cours à ses instincts, pendant que je contemplais ses formes, toutes en nuances. Je lui parlais continuellement pour l'exciter, le stimuler, et lui dire mon plaisir de le faire jouir… Les heures passaient et nous retournions régulièrement à nos lignes de poudre, puis reprenions nos ébats. L'aube se pointait à la fenêtre quand nous reniflâmes nos derniers sachets. Nos narines, de plus en plus obstruées, parvenaient difficilement à faire passer la *coke* pour qu'elle s'infiltre dans le sang et se rende jusqu'au cerveau. Et puis, Maxime devait s'en aller.

Dans les semaines qui suivirent, il nous fut impossible de retrouver le plaisir que nous avait procuré cette nuit-là.

D'une fois à l'autre, Maxime sombrait subitement dans la paranoïa et préférait s'éclipser. Puis, plus rien, je n'eus plus de ses nouvelles. Je l'ai revu récemment et lui ai proposé une relation sexuelle sans cocaïne. Il a décliné l'invitation. De toute façon, je suis convaincu que je n'aurais jamais retrouvé l'intensité des rapports que nous avions eus, quelques années plus tôt. D'ailleurs, depuis que j'ai cessé de consommer de la *coke*, je ne retire que très peu de satisfaction des échanges superficiels dont je continue de me contenter en l'absence de toute vie sexuelle et affective saine et équilibrée.

Pour moi, le souvenir de Maxime traduit une beauté qui transcende, et de loin, toutes mes autres aventures. J'avais trouvé en lui une réponse à ma quête d'affection qui allait bien au-delà de nos seuls rapports sexuels. Beau, cultivé, intelligent, sensible, il m'offrait bien plus que son corps parce qu'il auréolait celui-ci d'une exaltation de la sensualité et de l'érotisme. Cette manière d'être correspondait pour moi à une façon d'ennoblir les comportements pervers et déviants que je recherchais et qui allaient finalement me mener vers la déchéance morale.

D'ailleurs, quand je compare Maxime à ces dizaines d'autres jeunes hommes avec qui j'ai baisé sous l'influence de la drogue, les similitudes ne dépassent pas la génitalité. Car, pour l'essentiel, j'ai consommé sexe et *coke* dans l'environnement peu enviable et peu honorable de la prostitution. À la recherche d'adrénaline et de sensations fortes, de *high* et de *buzz* aussi futiles que fugaces, je me suis nourri du produit de la rue, souvent victime de la racaille et de la canaille du monde criminel.

Étais-je beaucoup mieux qu'eux? Sans doute pas, puisque je tirais moi-même profit de cette exploitation pour donner vie à mes fantasmes, satisfaire mes désirs, et combler mes besoins primaires.

Dans un ballet à trois temps, le prostitué vend son corps, retire de l'argent, et achète sa drogue. Quand, au surplus, il tombe entre les pattes d'un cocaïnomane avide de sexualité comme je l'étais, il accède à des heures de consommation gratuite et de plaisir charnel. Autant à Québec qu'à Montréal, j'ai usé et abusé de ces rencontres qui ont détruit la qualité relationnelle de mon existence, vidée de sentiments vrais et féconds. Croyant remplir le grand trou intérieur de mon affectivité, j'achetais à gros prix des faussaires d'amour « jetables après usage ».

Aucune sexualité fondée sur des motivations mercantiles — « tu me donnes ça en échange de ça » — n'apporte de satisfaction réelle. C'est un vulgaire troc, un non-sens, une aberration, une totale absurdité. Mais voilà, au royaume de la toxicomanie, la raison est borgne. La puissance de la dépendance éteint toute capacité d'étouffer les fantasmes qui nous envahissent et nous torturent, nous qui croyons nous libérer, nous en devenons totalement esclaves. Les mots « liberté, volonté, et dignité » sont battus en brèche par le terrifiant trio des fantasmes, de la drogue, et du sexe. Me résonne encore à l'oreille cette remarque d'un ami qui n'y connaît rien :

— Voyons donc, Jean-François, c'est pourtant simple. Tu n'as qu'à faire preuve de volonté et arrêter tout ça là !

— Ce que tu ne peux pas comprendre, André, c'est que cette chère volonté n'opère plus chez moi. Je suis incapable de dire « non ». Je n'ai aucun contrôle sur ma consommation. La cocaïne me domine et elle neutralise mon pouvoir de réaction. Je ne peux pas y résister, c'est plus fort que moi.

Le fait de m'être payé tous ces prostitués, sans égard pour ma santé physique et psychologique, montre bien le peu de cas que je faisais de mon équilibre affectif. Ces jeunes hommes dont j'ai usé et abusé pendant une quinzaine d'années n'ont répondu à aucune de mes attentes, car, derrière le fantasme charnel, se cachait aussi un désir d'aimer et d'être aimé, de vivre des émotions, de partager des sentiments. Combien de fois me suis-je laissé prendre au piège de leur manipulation en les comblant d'une affection dont ils n'avaient que faire ? En fait, pouvais-je m'attendre à autre chose? Mais voilà, dans le merveilleux monde de la toxi-comanie, on n'en finit plus de se bercer d'illusions.

Et puis, d'aventure en aventure, je me suis placé dans des situations hautement risquées, négligeant de me protéger pour éviter d'attraper des hépatites ou le VIH. C'est fou ce qu'on peut devenir inconscient sous l'effet de la drogue! Et que dire de ces appartements miteux, tristes et sales, dont je m'accommodais pour laisser libre cours à mes instincts. Des déchets humains dans de véritables poubelles: un *trip* de cul et de *coke*, ça pue. Plusieurs fois victime de vol, je passais malgré tout l'éponge, par soif de recréer ma zone de plaisir et de me pervertir avec ces petits *crosseurs*. Bien fait pour moi qui me manquait totalement de respect.

Je ne juge pas la prostitution. Pour avoir souvent fait appel aux services d'escortes, je sais que plusieurs jeunes s'engagent dans ce métier avec des motifs personnels fort compréhensibles et qui n'ont rien à voir avec la volonté de consommer de la drogue. Mais, lorsqu'il s'agit d'éclopés de la rue qui font le trottoir pour s'offrir leur quart de *coke* à 20 $, il faut bien reconnaître que nous sommes en présence d'une grande souffrance humaine. Et je me sens plutôt hon-teux de cette misère que j'ai entretenue chez eux. Il n'y a ni grandeur ni beauté à avilir davantage ces très fragiles êtres humains. Mais voilà, la cocaïne m'a sournoisement amené à m'adonner à ce *fast-food* sexuel. Dans la négation de mes valeurs les plus intimes et les plus profondes, et au détriment d'une quête honorable d'amour et d'amitié.

On n'a pas idée de la fébrilité qui s'empare d'un cocaï-nomane, l'argent lui brûle les doigts. Au début, lorsque je me satisfaisais de peu, l'argent n'était pas une préoccupation: avec quelques dizaines de dollars, je me payais quelques bon-nes heures de jouissance. Mais il en va de la *coke* comme de toutes les drogues; les semaines, les mois, et les années passant, on atteint un niveau de tolérance tel qu'on doit aug-menter les quantités et le rythme d'absorption, puisque l'effet de la substance est de moins en moins puissant et sa durée de plus en plus courte. Alors, les sommes englouties augmentent, prenant des proportions alarmantes. On passe à des centaines et même à des milliers de dollars, une véritable courbe exponentielle, et tout cela, sans pouvoir atteindre le plafond orgasmique des premières expériences.

Dans les rares moments de conscience, entre deux rechutes, on perçoit l'ampleur de la déchéance et de ses conséquences, mais elles ne font pas le poids par rapport aux souvenirs euphoriques que transmettent les images de la nudité, la tendresse des caresses, la jouissance des touchers, la plénitude des orgasmes, la troublante sensualité des formes et l'érotisme des poses, si excitantes et provocantes. Mémoire sélective qui ignore la détresse du lendemain et la vacuité de ces paradis artificiels. Il y a un mot pour décrire cette triste réalité : la folie. Car la toxicomanie, reconnue depuis longtemps comme une maladie, provoque un véritable dérèglement mental qui échappe au contrôle de la raison et du bon sens.

Voilà la grande souffrance causée par les fantasmes qui subliment la relation sexuelle : leur actualisation déçoit profondément, tellement est grand l'écart entre l'imaginaire et la réalité. Toutes mes expériences m'amènent à conclure que je ne suis jamais parvenu, au cours de ces années, à vivre une relation satisfaisante, non seulement sur le plan moral, mais même sur le plan purement physique. Le désenchantement guette quiconque pense atteindre le plaisir et la jouissance que lui promettent ses fantasmes, car les attentes ne sont jamais atteintes. Bien au contraire, il se creuse un immense fossé qui rend encore plus douloureuse la descente aux enfers.

Foutu fantasme ! Inscrit dans le monde de l'imaginaire, il crée tout de même une « réalité psychique » qui est une forme d'existence particulière, mais qui ne saurait être confondue avec la « réalité matérielle ». À preuve, l'incessante frustration que j'ai toujours ressentie lorsque je passais de l'une à l'autre, d'où le besoin de perpétuer le fantasme dans mes rencontres sexuelles. Par exemple, j'éprouvais encore plus de plaisir à déshabiller lentement et progressivement ces jeunes hommes que de les voir subitement nus sans que mon imagination se soit sustentée par le désir ou l'attente de leur nudité. Aussi, je pouvais attendre longtemps avant qu'ils retirent leur pantalon ou leur slip, afin de nourrir encore davantage le fantasme de la découverte, car, une fois nus, ils cessaient d'être objets de curiosité.

Dans le milieu de la prostitution masculine, on rencontre au moins autant d'hétéros que d'homosexuels. Affamés de drogue, avides de trouver l'argent pour s'en procurer, la majorité d'entre eux se présentent comme des bisexuels : en peu de temps, ils se camouflent derrière ce statut uniquement pour appâter le client. Au lit, ils se révèlent sous leur vrai jour, à mille lieues de leurs prétentions. J'enrageais quand je me retrouvais avec des jeunes attirés uniquement par la *coke* que je leur fournissais, totalement indifférents à mes besoins et à mes désirs. Par erreur ou par oubli, il m'est arrivé de récidiver avec les mêmes individus. Frustrant et choquant.

Pourtant, j'ai persisté dans cette déchéance, croyant retrouver l'excitation des premiers temps. Je me suis longtemps illusionné dans mon paradis artificiel de sexualité intoxiquée. La cocaïne a détourné mes sens de la recherche agréable, sereine, et satisfaisante d'une vie affective valorisante autant que d'une vie sexuelle équilibrée. Aujourd'hui éclopé, au terme de toutes ces années de misère, j'écope. Tout est déréglé. J'en appelle au temps et à la vie de me sortir de l'insignifiance des rapports médiocres que je continue d'entretenir, même sobre, avec mon passé. Car, avec le deuil de la drogue doit aussi s'accomplir le deuil de la sexualité qu'elle a fait naître.

Sacrée dopamine ! N'étant pas un scientifique, je ne prétendrai pas décliner les mécanismes chimique et biologique du cerveau qui expliquent la double dépendance, physique et psychologique, qu'engendre la consommation de cocaïne. On décrit la dopamine comme l'adrénaline du plaisir. Dans une étude intéressante sur le sujet, on indique que les psychologues font la différence entre les « baroudeurs » qui recherchent de nouvelles expériences, ne craignent pas de courir des risques et aiment les sensations fortes, et les «routiniers» qui s'accommodent des situations déjà connues, conventionnelles et confortables. À l'évidence, je suis bel et bien un baroudeur!

Et à barouder ainsi, j'ai fait le tour du monde homosexuel. Car ce sont des centaines d'aventures qui figurent à mon tableau de chasse, agissant en véritable prédateur, utilisant le pouvoir de l'argent, et établissant ma toute-puissance sur des êtres vulnérables et fragiles. Ai-je croisé des mineurs? Je ne crois pas, puisque je cherchais plutôt de jeunes adultes. Mais, je ne suis pas dupe; même si je prenais soin de m'en informer auprès d'eux, ils se foutaient bien de me dire la vérité. Dans l'univers de la prostitution se glissent des jeunes qui trafiquent leur âge pour satisfaire leur besoin de drogue. D'ailleurs, en vrais toxicomanes, nous étions tous semblables: menteurs, manipulateurs, et malhonnêtes.

Quinze ans de comportements erratiques et érotiques m'ont davantage rapproché de mes pulsions animales que du genre humain. Si j'avais filmé l'ensemble de mes *trips* sexuels, j'en aurais rempli la section complète des films XXX de n'importe quel club vidéo et vous en auriez eu des tonnes de copies! Pourtant, je ne nie pas que, chaque fois, j'ai éprouvé beaucoup de plaisir à pratiquer ces formes de sexualité. Ce serait mentir de ne pas reconnaître la jouissance que j'ai retirée de toutes ces rencontres, malgré les vols dont j'ai été victime et malgré la sourde violence qu'elles auraient pu entraîner. En effet, je retiens une bonne dizaine d'occasions où les choses auraient pu mal tourner, surtout quand mes partenaires sombraient dans la paranoïa.

Je revois celui qui, brandissant un bâton de golf, s'en servait comme d'une arme pour se protéger de ses visions hallucinatoires. Et celui-là, fouillant tiroirs et garde-robes, à la recherche de fantômes. Et cet autre, qui calfeutrait le bas de la porte pour empêcher quelqu'un d'entrer. Comportements inquiétants qui créaient un climat de peur et de terreur. Et pourtant, je persistais à entretenir ces relations qui auraient pu très mal tourner. Je bénis le Ciel de m'être sorti vivant de situations très risquées.

Quand j'évoque le plaisir et la jouissance de cette sexualité tronquée, je ne fais aucune allusion au degré de performance que j'atteignais. Pour la très grande majorité des utilisateurs, la cocaïne bloque l'érection. Curieux et cruel constat ! Alors que la *coke* nous transporte dans un monde de sensations euphorisantes, le pénis se tient tranquille et ne réagit vraiment que dans des conditions d'excitation extrême. D'où l'extraordinaire défi d'amener son partenaire vers l'érection, en développant des habiletés particulières. En toute modestie, j'y excellais ! Et, de toute façon, bandé ou non, le cocaïnomane jouit durant des heures et des heures, car c'est tout son corps qui reçoit l'impulsion nerveuse. L'orgasme est sans fin, tant et aussi longtemps qu'il se nourrit de son venin.

Dans ma folie, j'ai rêvé d'aimer quelques-uns de ces jeunes hommes au point de leur offrir un gîte. Quelle grave erreur d'appréciation ! Je n'ai rien connu d'aussi vide ; encore plus démolis que moi, déjà dysfonctionnels avant de connaître la *coke*, ils adoptaient des comportements tellement délinquants qu'il leur arrivait fréquemment de se retrouver en prison. On cherche souvent à comprendre la montée en flèche de la « petite » criminalité. L'explication est là : ces jeunes courent sans arrêt après l'argent, peu importe le montant, et ne se gênent pas pour en dérober n'importe où pour suppléer à leur état d'anxiété et à leur malaise physique. Pour un toxicomane, la pire souffrance, c'est le manque de sa substance. Je me rappelle, un de ces soirs où je me sentais comme ça, d'avoir songé au vol et à la prostitution de mon propre corps pour sortir de cet état misérable. Oui, je parle bien de folie. Lamentable.

Mes pratiques sexuelles m'ont permis des découvertes très révélatrices. Par exemple, j'ai constaté que, sous l'effet euphorique de la cocaïne, des hétérosexuels pouvaient se permettre tout à coup des comportements surprenants : j'ai souvenir de plusieurs d'entre eux qui, ma foi, se sont pleinement repus avec des jeunes de leur sexe. Combien de prostitués m'ont raconté leurs expériences avec des machos, souvent homophobes, qui, libérés de leurs inhibitions, se dévoilent sous un tout autre jour. Et aussi, tous ces hommes mariés, bons pères de famille, qui remplissent les saunas, particulièrement le lundi, pour se détendre après un week-end étouffant auprès de leur conjointe. D'ailleurs, ayant moi-même visité les saunas deux ou trois fois, j'en conclus que je ne disposais pas d'atouts de vente suffisamment convaincants pour stimuler l'achat chez les jeunes consommateurs. Et puis, pour tout dire, je ne me sentais vraiment pas à ma place !

Souvent, pour me mettre en appétit, j'entrais dans des bars de danseurs nus, question de bien m'exciter avant d'aller rejoindre de jeunes prostitués. Combien de fois j'aurais voulu m'emparer de l'un d'eux pour l'avoir tout à moi, chez moi, contre moi. L'atmosphère de ces lieux est assez particulière. Dans une lumière tamisée, des éphèbes se dandinent, et vont, de table en table, collecter leur dû à défaut de conquérir des cœurs. On y retrouve surtout des hommes âgés qui viennent se rincer l'œil et qui délient leur bourse pour s'offrir dans un petit salon la jouissance d'un beau jeune corps tout à eux, qui les séduit, les provoque, et les stimule. J'ai moi-même répété ce manège à satiété et n'y ai finalement trouvé que privation et frustration. Et, vers la fin, un profond dégoût.

Bref, dans ma dérive et ma déchéance sexuelles, j'ai fait le tour du jardin de mon imaginaire. Et, au-delà des plaisirs réels que j'ai connus, j'ai dû encaisser bien plus de déplaisirs, dont les conséquences, pour le corps, le cœur, et l'esprit, ne disent pas tout des pertes subies durant mes vingt ans de toxicomanie.

Car il y en eut bien d'autres, et des pires encore.

CHAPITRE 9

Jusqu'à tout perdre

Vingt ans de dépendance aux médicaments, à l'alcool, et à la drogue, ça ruine. À tous les points de vue et sur tous les plans. Pas une parcelle de l'être humain qui ne soit touchée et blessée. Si, au départ, les effets semblent plutôt bénins, au fil du temps, ils s'amplifient, au point de devenir carrément pathétiques. Je rappelle qu'on parle ici d'une maladie sournoise, insidieuse et progressive. Et pourtant, tous ceux qui ont connu des expériences semblables vous diront qu'ils les ont d'abord considérées comme une solution à leurs problèmes avant qu'elles deviennent un problème insoluble.

Pour ma part, je n'ai vraiment commencé à mesurer la gravité des conséquences de ma vie de toxicomane que vers le milieu des années 90, soit dans le dernier tiers de cette vingtaine d'années de consommation. En effet, durant les sept premières années, soit la période de la double dépendance aux médicaments et à l'alcool, ni ma vie personnelle ni ma vie professionnelle ne semblaient réellement affectées. Ce n'est que lorsque j'ai commencé à consommer de la cocaïne que sont apparus des signes évidents de détérioration de ma condition. Mon départ de Québec pour Montréal, en 1996, marque le début de ma dérive qui va se poursuivre jusqu'au 10 juillet 2002, au moment où je suis vraiment entré dans une période de déchéance totale. Une évolution sournoise, insidieuse, et progressive.

Évidemment, ce qui retient l'attention en premier, ce sont les pertes matérielles et surtout, financières. Certes, elles sont considérables, mais ne provoquent pas de souffrance comme le font les conséquences morales et spirituelles. Et, s'il est relativement facile de se refaire en biens et en argent, il est bien plus difficile de tenter de rétablir des valeurs qu'on a piétinées pendant tant d'années. Plus j'émerge de cette vase dans laquelle je me suis enlisé, plus je constate l'ampleur des dégâts. Et quand j'affirme que j'arrive de loin et de creux, c'est surtout à cela que je fais allusion.

Bien sûr, évoquer des dépenses d'environ deux millions de dollars, surtout pour de la cocaïne, scandalise la plupart des gens ; ça représente en effet beaucoup d'argent. À 20 $ le quart de gramme, ça monte vite ! Et si j'arrivais à me satisfaire de peu de *coke* au début, soit un, deux, ou trois quarts, même pas un gramme, l'accoutumance et la tolérance à la drogue firent rapidement grimper les coûts de ma consommation. Durant les premières années, je ne dépensais guère plus de quelques dizaines de dollars à des intervalles de quelques mois, et puis, de quelques semaines. Mais, progressivement, quand je passai des semaines aux jours, et des quarts aux grammes, les montants que je dépensais grimpèrent en flèche, les dizaines devinrent des centaines, voire des milliers de dollars.

Comme je me montrais généreux, payant la *coke* de ceux qui faisaient la fête avec moi, je me retrouvais dans de beaux draps. Encore heureux que je n'aie jamais affectionné les rencontres sexuelles à plusieurs partenaires : une seule personne me suffisait. En multipliant les dépenses par deux, c'était déjà pas mal cher. Sans compter que mes proies revendiquaient leur salaire pour m'avoir permis d'abuser de leur corps. Additionnez la *coke* et le sexe et vous obtiendrez une jolie facture pour accéder au paradis artificiel de la jouissance et du plaisir ! Les deux millions de dollars engloutis en vingt ans incluent tous les coûts associés à ma toxicomanie. Bien sûr, au premier titre, les sommes faramineuses dépensées en cocaïne, puis en alcool et en médicaments ; ensuite, et tout aussi importants, les revenus perdus faute de travail. En effet, pendant une décennie complète, j'ai eu des revenus qui ne totalisent même pas deux ans de travail. On parle ici de quelques centaines de milliers de dollars qui s'ajoutent aux coûts des trois substances que j'ai ingurgitées pendant vingt ans.

Où est-ce que je trouvais tout cet argent pour satisfaire mon appétit insatiable ? Partout. J'ai puisé dans tous mes revenus et dans tous mes placements. Pendant cinq ans, grâce à la radio et la télévision, j'avais été très gâté financièrement. Et les quelques rares emplois que j'ai occupés au cours des dix dernières années m'ont rapporté des revenus intéressants. Au moment de mon divorce en 1995, j'ai retiré un montant substantiel de la vente de notre condo. Sans compter mon REER qui a entièrement servi à payer ma drogue. Au lendemain de ma dernière rechute, le 10 juillet 2002, il n'en restait plus rien.

Les conséquences financières de la toxicomanie étonnent et surprennent. Les sommes dépensées sont hallucinantes. On se demande bien comment une personne saine d'esprit qui mène un train de vie satisfaisant peut aller aussi loin, et se retrouver dans la dèche. Or, c'est dans la nature même de cette maladie de nous entraîner jusqu'à l'épuisement de toutes nos ressources, à commencer par l'argent. On entend souvent dire que la *coke* est une drogue de riche. Ce n'est pas toujours vrai, mais le fait d'avoir de l'argent en facilite bien sûr l'approvisionnement. On ne se surprendra pas d'apprendre que la drogue se vend bien dans les milieux où se retrouvent des professionnels. Juges, avocats, médecins, prêtres, policiers, professeurs, politiciens, gens d'affaires, journalistes, nommez-les, je les ai tous rencontrés au cours de mes sept thérapies. Faut-il le dire et le redire, personne n'est à l'abri.

Or, le besoin de consommer pousse inévitablement ceux qui ont moins d'argent ou qui n'en ont pas à adopter des comportements délinquants et criminels. Les vols et la violence foisonnent dans l'univers des toxicomanes. Depuis l'arrivée massive des drogues sur le marché, la petite criminalité a connu une croissance fulgurante. Et puis, plus grave encore, cette attirance des jeunes pour la vente. Combien en ai-je croisé qui croyaient trouver un gagne-pain et faisaient des projets d'avenir dans ce milieu, alléchés par des gains substantiels ! Ces revendeurs, majoritairement des garçons, mais aussi des filles, dépensaient l'essentiel de leurs profits pour payer leur propre consommation. Après un certain temps, le mirage évanoui, ils se retrouvaient dans des situations difficiles, souvent victimes de la violence de leurs pairs : la prison et la mort les attendaient, au détour de leurs frasques ou de leurs déveines.

Durant mes dernières années de consommation, j'ai fait la connaissance du merveilleux monde des prêteurs sur gages. Des négociants qui ont le cœur sur la main ! Ainsi, quand j'avais épuisé l'argent dont je disposais, je vidais progressivement mon appartement de meubles et d'équipements qui me rapportaient quelques dizaines ou centaines de dollars pour poursuivre mon *trip*. Y passaient, dans l'ordre ou le désordre, ma télévision (entre 100 $ et 140 $), ma chaîne stéréo (entre 80 $ et 120 $), mon magnétoscope (entre 60 $ et 100 $), mon four à micro-ondes (entre 40 $ et 60 $), et mon ordinateur (entre 120 $ et 160 $). Des appareils qui valaient évidemment plus, et que je ne récupérais qu'avec paiement d'intérêts de 25 %… par mois.

À Montréal, de la rue Sainte-Catherine à la rue Ontario, de la rue Saint-Hubert à la rue Jean-Talon, dans combien de commerces me suis-je retrouvé, en pleine nuit, pour prolonger ma consommation de quelques quarts de poudre blanche, alors qu'elle n'avait même plus d'effet sur moi. Malgré tout, je poursuivrais ma chute pour éloigner la fin fatidique où je sentirais, dans mon corps et dans mon âme, l'abominable souffrance de l'inévitable dépression. Je me rappelle même avoir vendu un magnéto et une chaîne stéréo qui valaient au total 750 $ pour trois roches de *crack* à 75 $. Intoxiqué, le toxicomane ne réfléchit plus.

Curieusement, durant ces dernières années, et surtout après cette quatrième thérapie qui m'amena de Québec à Montréal, j'acceptai l'aide d'un conseiller financier qui gérait mon portefeuille et me remettait une allocation hebdomadaire pour subvenir à mes besoins. Je n'avais accès à aucun de mes comptes, ne possédais aucune carte de crédit, aucune carte de guichet automatique, et je ne pouvais signer quelque chèque que ce soit. Rien. Et pourtant, j'arrivais tout de même à mes fins par des subterfuges astucieux fondés sur le mensonge, la manipulation, et la malhonnêteté.

J'ai en mémoire ce jour où, par erreur, un retrait de mon REER aboutit à mon adresse personnelle. Montant ? 3 800 $! Allumé, je me rendis dans un Insta-Chèques. Là, vérification faite, on me remit le montant en argent comptant. Je fis alors une rechute de cinq jours et dépensai tout jusqu'au dernier sou.

Combien de fois me suis-je rendu chez mon conseiller, le jeudi après-midi, sans aucune intention de consommer ? Mais, dès qu'il me remettait mon allocation, je ressortais de là avec un seul projet en tête : trouver une boîte téléphonique, appeler mon *pusher*, acheter ma *coke*, embarquer un prostitué drogué, revenir chez moi, et partir sur le *party*. Car dès que mes doigts touchaient aux précieux dollars, tout mon cerveau m'orientait instantanément vers la satisfaction de tous mes plaisirs. Ceux qui sont passés par là connaissent cette indescriptible fébrilité qui s'empare du toxicomane au moment d'enclencher le processus routinier de la consommation : tous, nous devenons impatients, agités, et énervés. Rien n'est pire que cette foutue attente qui dure toujours trop longtemps, même quand elle fait moins d'une heure.

Souffrance souvent plus désagréable que celle qui suit la fin du *trip*.

Que me restait-il pour vivre ? Très peu. Quand je me levais, le vendredi matin, un jour seulement après avoir reçu mon allocation, je me retrouvais souvent sans le sou pour me nourrir. Trop honteux, je n'osais pas redemander un montant supplémentaire à mon conseiller financier, d'autant plus qu'il se doutait à quel usage je le destinais. Il avait raison. Vers la fin, impuissant à contrer ma déchéance, il accepta de m'en donner aussi souvent que j'en voulais, ce qui ne fit qu'accroître ma consommation. Cette stratégie s'avéra cependant fructueuse, puisqu'elle m'obligea à constater mon irresponsabilité. J'en conclus aujourd'hui qu'il est souvent préférable pour une personne qui côtoie un toxicomane de laisser celui-ci s'enliser plutôt que de venir continuellement lui prêter secours, sachant fort bien qu'il n'en fera qu'à sa tête.

En présentant ainsi le volet des conséquences matérielles et financières de ma toxicomanie, je n'aborde que des éléments extérieurs. Les biens et l'argent, tout importants qu'ils soient, ne représentent que la pointe de l'iceberg. Les dommages les plus graves sont ceux qui affectent l'individu, l'être humain, autant dans sa dimension psychologique que dans sa dimension physique. En admettant que l'une et l'autre sont indissociables, je reconnais avoir été davantage affecté sur le plan mental, en ce qui a trait surtout à l'univers des fantasmes. Il ne faut pas avoir peur des mots. La toxicomanie est considérée comme une allergie physique doublée d'une obsession psychologique. C'est donc aussi, en quelque sorte, une maladie mentale. Ma propre expérience en témoigne.

Un sevrage de cocaïne, aussi difficile soit-il, s'effectue sur une assez courte période de temps. En moins d'une semaine, il ne reste plus de trace de *coke* dans l'organisme. D'ailleurs, pour être concluants, les tests de dépistage doivent être faits dans les premiers jours suivant la prise de cette drogue. Par contre, la dépendance psychologique est si forte qu'on doit compter sur des semaines, voire des mois, avant de se sentir pleinement libéré de la tentation d'en reprendre. On s'entend généralement pour dire qu'il faut une ou deux années d'abstinence pour vivre une sobriété plus solide et plus sereine.

Tout au long de ma descente, j'ai connu des périodes d'abstinence plus ou moins longues, et je confirme que c'est ma tête qui m'a toujours joué des tours, provoquant de nombreuses et fréquentes rechutes. Car, une fois passée la courte période de désintoxication physique, je devais m'astreindre à déprogrammer mon cerveau autrement plus intoxiqué. La réminiscence des sensations associées à la *coke* s'installe dans l'esprit et, avec le temps, s'y imprime. Ou, pour reprendre une image qui me plaît bien, il faut beaucoup de temps avant d'effacer les cassettes enregistrées au fil des ans. Malheureusement, au moment où nous cherchons à le faire, nous revenons en arrière et décidons plutôt de les visionner de nouveau. Et c'est reparti.

La dépendance tient à l'habitude qu'on a prise, mille fois répétée, de résoudre ses problèmes en recourant à une substance qui anesthésie la souffrance qu'ils engendrent. Plutôt que d'affronter nos difficultés en face et de leur trouver des solutions, nous empruntons une voie de contournement qui gèle les émotions qu'elles nous font vivre. Ce faisant, nous frappons un mur, puisque les problèmes, bien loin de se résorber, s'amplifient. Rien n'est plus souffrant que la souffrance qu'on refuse d'assumer, surtout quand il s'en ajoute une autre, celle de la drogue, qui ne règle rien, bien au contraire. Cette douloureuse réalité, ce fut aussi la mienne.

Cependant, négliger les conséquences sur l'organisme de la consommation abusive et excessive de substances tels les médicaments, l'alcool et la drogue serait une grave erreur. J'ai déjà décrit les effets destructeurs des benzodiazépines et des différentes formes d'absorption de la cocaïne. J'aurais pu ajouter ceux de l'alcool qui peut causer de sérieux dommages à ceux qui y sont dépendants. Cela se limite d'abord à des troubles digestifs, à des nausées, à des vomissements.

Mais avec le temps, l'alcool affecte les principaux organes et la personne qui en abuse risque de développer de nombreuses pathologies : maladies du système nerveux, troubles psychiques (anxiété, dépression, troubles du comportement), troubles gastro-intestinaux, maladies du foie (cirrhose) et du pancréas (pancréatite), troubles cardiovasculaires, troubles sanguins (anémies, hémorragies), troubles métaboliques (perturbations du taux de sucre dans le sang, augmentation de l'acide urique dans le sang, entraînant la goutte), troubles hormonaux (diminution de la libido, impuissance, infertilité, irrégularités menstruelles), diminution de la résistance aux infections et augmentation des risques de développer des cancers (notamment les cancers de la bouche, de la langue, de l'œsophage, de l'estomac et du foie).

Comme j'ai consommé toutes ces substances (médicaments, alcool, et cocaïne) et que j'en ai abusé, je ne doute pas qu'elles aient considérablement affecté ma santé même si, aujourd'hui, je me sens plutôt en bonne forme physique. Mais il est impossible que toutes ces agressions commises contre mon corps n'aient pas produit des dommages majeurs et irréversibles. Plutôt chanceux de m'en sortir vivant et plus ou moins magané, je me tromperais en pensant n'avoir pas endommagé plusieurs éléments de mon organisme. Le « bon docteur » m'a déjà fait remarquer que l'alcoolisme et la toxicomanie, d'après certaines études scientifiques, provoquaient un vieillissement prématuré qui pouvait aller jusqu'à une bonne dizaine d'années… J'y crois. Car, bien que j'aie mis beaucoup plus d'équilibre dans ma vie depuis le 10 juillet 2002, je ne me sens plus la même résistance et la même énergie.

J'arrive maintenant à ce qui m'a le plus affecté : les conséquences morales et spirituelles de ma toxicomanie. Attention ! Je ne fais aucunement allusion à des convictions religieuses, mais plutôt aux valeurs humaines que j'ai piétinées au cours des vingt dernières années, plus particulièrement vers la fin de ma saison en enfer. Toute mon éducation familiale et sociale m'a enrichi du culte du bien et du désaveu de son contraire. Mes parents et mes professeurs m'ont inculqué de belles et solides valeurs que j'ai respectées consciencieusement jusqu'à ce que je sombre dans l'univers de la drogue. Pour moi, elles furent des phares qui ont su me guider dans ma réflexion et mon action ainsi que dans mes rapports avec mon environnement physique et humain. De beaux mots les illustrent : intégrité, respect, honnêteté, transparence, ouverture d'esprit, tolérance, compréhension, empathie, compassion, solidarité, générosité, et combien d'autres. Autant d'unités de mesure de la qualité de l'être humain que j'aurai été quand viendra l'heure de mon bilan personnel.

La toxicomanie m'a forcé à répudier ces valeurs. J'ai adopté des attitudes et des comportements qui étaient aux antipodes du sens que j'avais si longtemps donné à ma vie. J'ai bafoué des principes qui me guidaient. Je suis devenu un autre homme, égoïste et profiteur, menteur, manipulateur, et malhonnête. Totalement irresponsable. Un être misérable, incapable d'afficher le meilleur de lui-même, coupé de sa bonté et de sa beauté. Voilà bien le pire qui peut arriver à un être humain : devenir la négation de lui-même et manquer totalement de respect à l'endroit de la richesse intérieure de son esprit et de son cœur.

De plus, pour moi, qui ai évolué sous les feux de la rampe et qui ai assumé des responsabilités publiques, la toxicomanie a entraîné une importante perte de crédibilité. Chacune de mes thérapies m'a sensibilisé à cette cruelle réalité. Car, s'il est vrai qu'on met beaucoup d'énergie et d'efforts à établir sa crédibilité, on peut la perdre très rapidement et avoir beaucoup de difficulté à la restaurer. La plupart des gens se demandent s'ils peuvent faire confiance à un toxicomane repenti et se disent : « Peut-on se fier à lui, après tout ce qu'il a vécu ? » N'étant pas à l'abri d'une rechute, le toxicomane suscite les doutes de son entourage, qui hésitera à lui accorder pleine confiance. Voilà certes une des conséquences les plus difficiles à supporter, et la plus humiliante. Le retour à la sobriété requiert donc beaucoup de sincérité et d'humilité de la part de celui qui en fait l'expérience s'il souhaite retrouver cette confiance perdue.

On définit souvent la toxicomanie comme une maladie qui altère les comportements. Rien n'est plus vrai. Comment se fait-il qu'après les belles décennies pendant lesquelles j'ai vécu en accord avec le beau, le bon et le bien, je me sois entièrement transformé, adoptant une attitude à l'opposé de tout ce que j'avais chéri ? Moi, dont les valeurs de sincérité, d'authenticité et de transparence étaient fondamentales. Ma toxicomanie m'a entraîné à me manquer de respect et à manquer de respect aux autres. J'ai perdu ma dignité, j'ai perdu ma liberté.

Sombrer dans la toxicomanie, c'est se condamner à l'esclavage, c'est perdre la maîtrise de sa vie, c'est vendre son âme au diable. Dès lors, on comprend mieux pourquoi les conséquences physiques et psychiques, matérielles et financières, ne décrivent que partiellement la déchéance de l'être humain. Au lendemain de mes nombreuses rechutes, ma déchéance morale m'affectait bien davantage que toutes les autres pertes, toutes douloureuses qu'elles fussent. J'avais l'impression d'envoyer par-dessus bord tout ce qui avait contribué à ma réussite personnelle et sociale dans les sphères d'activité où je m'étais investi. Ce faisant, je coupais les ponts avec mon passé, je me renfermais, et je m'isolais. Me remontait alors à l'esprit ce que mon père m'avait dit, peu de jours avant sa mort : « L'essentiel, dans la vie, c'est d'être capable de se regarder dans le miroir, et de s'aimer. »

Or, je ne m'aimais plus.

Confronté à ma dérive, je perdis complètement le nord allant jusqu'à ne plus me reconnaître. On voit bien là l'effet pervers de cette maladie qui corrompt nos valeurs, déforme nos perceptions de la réalité, et nous fait croire en un possible bien-être et à un bonheur artificiel, illusoire autant qu'éphémère. Le réveil fait mal, très mal. Il nous renvoie en pleine face l'ampleur et la profondeur du désastre causé par la toxicomanie. Dans les circonstances, se relever représente un défi très grand parce qu'on se sent privé des ressources intérieures requises pour surmonter cette tragique épreuve. C'est ainsi que peuvent s'expliquer les nombreux suicides d'individus qui, emportés par le découragement et le désespoir, ne voient pas d'autre issue que celle de mettre brutalement fin à leur souffrance et à leur misère.

Même si le suicide me trouble profondément, surtout en regard de la tristesse ou de la colère qu'il provoque chez les proches, je ne juge pas ceux qui n'ont trouvé aucune autre solution pour quitter un monde insoutenable. Pourtant, les ressources sont là pour tendre la main aux personnes défaites, démolies, et détruites par une existence pénible. Préférer la mort à la vie, c'est appliquer une solution définitive à un problème temporaire. Y ai-je songé ? Oui. Quelquefois, quand je connaissais des états dépressifs consécutifs à la consommation de cocaïne, j'osais y penser. Tout devient tellement noir qu'on ne s'imagine plus capable d'en sortir. Là se trouve le danger de tout abandonner et de se résigner au pire. Toutefois, en dernière instance, mon goût de vivre finissait par l'emporter. Et puis, je ne supportais pas l'idée d'affliger davantage ma famille qui m'a toujours soutenu dans cette épreuve.

Mais, comment se relever quand on a presque tout perdu ? Je me sentais atteint sur tous les plans et je ne trouvais plus en moi le ressort pour rebondir. Car deux des principales qualités requises pour se relever et se rétablir sont aussi celles que nous perdons malheureusement dans la spirale de la toxicomanie : l'estime personnelle et la confiance en soi. Arrive un point, au bout de la pente descendante de la déchéance, où on a nettement le sentiment d'être un trou de cul, un tas de merde. Ces mots crus disent bien le sentiment qui nous envahit au terme de notre descente aux enfers. Nous doutons de nous. Nous sommes remplis de honte et de culpabilité. Envahis de remords et de regrets, nous nous flagellons l'esprit. Déjà détruits, nous continuons à nous diminuer et finissons par nous effondrer.

Pas facile, dans ces circonstances, de se reconstruire progressivement pour faire face aux défis du rétablissement. Pas facile quand, très souvent, ce que nous cherchons à retrouver est justement ce qui a expliqué notre recours aux drogues. Ainsi, dans toute ma carrière publique, j'ai toujours donné l'impression d'être un gars sûr de lui, fort et confiant. Ce n'était qu'une partie de la vérité. J'ai toujours dissimulé un certain manque de confiance en moi. Or, on a toujours vanté ma fougue, mon dynamisme, et mon originalité souvent audacieuse. On me faisait confiance parce que je montrais beaucoup d'assurance dans mes propos et dans mes gestes. Moi seul savais ce que cachait cette assurance. La performance et le perfectionnisme augmentaient la pression sur mes épaules, me conduisant à un état de stress très élevé. L'addition de tous ces facteurs explique en grande partie mon recours à des substances « apaisantes et réconfortantes ». Triste illusion !

Combien de fois ai-je entendu des toxicomanes se confier et admettre avoir recouru à la drogue pour extirper et exorciser la faible appréciation qu'ils avaient d'eux-mêmes. Sous des dehors assurés, confiants et même fougueux, je découvrais des personnes hypersensibles, émotives, et fragiles. Et souvent très peureuses. Je revois plusieurs de ces « gars de prison » qui, dans un cadre thérapeutique, se dévoilaient dans toute leur vulnérabilité ; ces « forts faibles », je me reconnaissais en eux.

Alors, quand vient le temps de faire le ménage, de ramasser les pots cassés, nous constatons à quel point nous avons hypothéqué notre propre estime et notre confiance en nous-mêmes. Déjà dépourvus de ce tandem de qualités essentielles avant même de nous enliser dans la consommation effrénée de drogues, imaginez la profondeur du gouffre après des années de descente aux enfers. L'estime de soi et la confiance en soi sont pourtant les deux plus importants leviers pour sortir de la torpeur, appeler à l'aide, et s'engager dans un processus de rétablissement.

Avant de toucher le fond, je n'avais pas vraiment pris conscience de cette faiblesse. J'avais toujours cru que je possédais les atouts indispensables à l'accomplissement de l'être humain. Et c'est en mesurant cet écart que je me suis rendu compte de l'investissement mental que je devrais maintenant consentir pour me rebâtir. Mais, comment se revaloriser quand on a mis tant d'ardeur à se dévaloriser ? Sur quoi s'appuyer lorsqu'on veut refaire un être défait ? Et combien de temps faut-il pour y parvenir ? Ces questions m'ont hanté chaque fois que je reprenais conscience entre deux rechutes. La côte à remonter effraie et je me sentais dépourvu d'énergie. Il m'arrivait souvent, au plus creux de ces périodes de désarroi, de m'évader de nouveau dans mon paradis artificiel pour geler les émotions négatives que mon sentiment d'impuissance faisait naître.

Quelquefois, je me demande si le fait de connaître les conséquences tragiques de la toxicomanie aurait pu m'inciter à refuser ce monde aliénant et à le fuir. Mieux informé et plus sensible à ses effets pervers, aurais-je refusé de m'engager sur la voie de la destruction ? Difficile à dire. Je le répète, ce qui à la longue est devenu mon problème majeur constituait au départ une solution à mon mal de vivre. Et j'étais bien loin d'imaginer que je développerais une dépendance maladive. Quand je m'en rendis compte, il était déjà trop tard. Le piège se refermait sur moi.

Et je me suis retrouvé terriblement seul.

Plus je m'enfonçais, plus je me repliais sur moi. Mes liens avec le monde extérieur s'effritaient. J'éloignais mes plus précieuses relations, ma famille, mes amis. Je m'isolais. Au terme de ce long périple de vingt ans, j'atteignis l'extrême limite : je n'avais plus rien, je n'avais plus personne.

Seul et isolé. Le vide et le néant. Je n'avais plus, je n'étais plus. Ni dignité ni liberté. Rien. Défait, détruit, et démoli. Battu et abattu.

Alors, que faire ? Vous y croyez, vous, aux miracles ?

CHAPITRE 10

À l'aide !

Les gens intelligents sont souvent des gens orgueilleux. Suffisants et arrogants, ils sont fréquemment dépourvus de simplicité et d'humilité. L'orgueil est une très mauvaise voie à emprunter pour le toxicomane qui entreprend le long voyage de son rétablissement. Me résonnent encore aux oreilles les dures paroles du « bon docteur » : « Jean-François, tu as trois problèmes : la *coke*, le sexe, et l'intelligence. Et le pire des trois, ce n'est ni la *coke* ni le sexe, mais ton intelligence. » Méchant avertissement ! Équipé comme ça, j'allais découvrir que je serais mon pire ennemi et que mon parcours vers la sobriété serait parsemé de savantes dérobades.

Ma période de toxicomanie active s'est étendue sur une vingtaine d'années, mes sept thérapies couvrant la deuxième moitié d'entre elles. Et ce, dans cinq centres de traitement différents. Il m'a donc fallu dix ans de consommation abusive et excessive pour commencer à reconnaître que j'avais « peut-être » un « léger » problème avec les médicaments, l'alcool, et la *coke*. Quand j'ai entrepris ma première thérapie à la Maison Jean-Lapointe, en juillet 1990, je m'étais persuadé que, brillant comme j'étais, j'allais m'en tirer en trois courtes semaines. Or, ce n'est que dix ans plus tard, à l'été 2000, que j'ai pu compléter mon long cheminement thérapeutique, à la Maison Choix et Réalité dans les Hautes-Laurentides.

Mises bout à bout, mes sept thérapies totalisent une année complète. Mises bout à bout, mes périodes d'abstinence totalisent deux ans. Mises bout à bout, mes rechutes totalisent le reste : sept ans ! Cette répartition du temps sur une décennie illustre bien à quel point mon parcours a été difficile et exigeant. Cela montre aussi que bon nombre d'efforts sont nécessaires pour arriver à se sortir de cet univers étouffant et recouvrer sa dignité et sa liberté. J'étais bien loin de me douter qu'il me faudrait y mettre autant d'énergie et autant de temps.

Chaque cas étant unique, aucun itinéraire n'est vraiment semblable à un autre pour mettre fin à l'alcoolisme ou à la toxicomanie. Certains choisissent la voie thérapeutique dans un centre de traitement, d'autres optent pour les groupes d'entraide. Plusieurs conjuguent l'un et l'autre. Quelques-uns arrivent même à se débarrasser de leur dépendance par leur seule volonté, sans aide extérieure. Je pense à ce chauffeur de taxi qui me racontait qu'il avait vaincu sa dépendance à la drogue et à la vente de cocaïne au moment de la naissance de son premier enfant. Cet événement l'avait suffisamment motivé pour qu'il parvienne à changer radicalement son mode de vie afin de se consacrer pleinement à l'éducation de son fils. Chapeau ! D'autant que ces cas sont plutôt rares.

Entreprendre une démarche thérapeutique suppose qu'on a d'abord franchi trois étapes préliminaires indispensables pour relever le difficile défi du relèvement et du rétablissement. Elles se résument en quelques questions fondamentales.

Premièrement :

« Est-ce que je reconnais mon impuissance devant les médicaments, l'alcool, et la *coke* ? Est-ce que je prends conscience que je suis devenu complètement dépendant de ces substances ? Est-ce que je constate à quel point ma consommation m'a fait perdre la maîtrise de ma vie ? »

En répondant par l'affirmative à ces trois questions, j'admets que je suis défait, détruit et démoli. Je reconnais que ma volonté n'opère plus parce que je suis dominé par la drogue. Je me rends compte que j'ai perdu ma liberté. Mon incapacité à dire «non» décrit bien l'état d'esclavage dans lequel je me trouve. Je vois et reconnais l'ampleur des dégâts et des dommages causés par mes abus et mes excès. Je dois admettre le problème, je dois combattre le déni. Tant et aussi longtemps que je nie ces réalités, j'ai fort peu de chances de m'engager sérieusement dans un processus de rétablissement.

Deuxièmement:

«Est-ce que je me crois capable de régler seul ces problèmes? Est-ce que je peux me fier à mes propres moyens pour me sortir de cet enfer? Est-ce que ma raison évalue la question suffisamment bien pour m'assurer de faire les bons choix et de prendre les bonnes décisions?» En répondant par la négative, je reconnais que mes facultés mentales ont été gravement affectées par ma consommation abusive et excessive, et qu'elles ne sont plus vraiment adéquates. Battu et abattu physiquement et psychologiquement, je ne me juge plus capable de me rétablir par le seul recours à mes propres ressources.

Troisièmement:

«Est-ce que je reconnais que j'ai besoin d'aide? Est-ce que j'accepte de me tourner vers les autres pour recevoir le soutien et l'appui nécessaires à mon relèvement? Est-ce que je suis prêt à recourir à toutes les ressources extérieures dont je dispose pour effectuer ce long périple?» C'est le corollaire de l'étape précédente; comme je ne me considère pas en mesure de me relever seul, j'accepte d'appeler à l'aide et de me tourner vers tout ce qui peut me permettre de suppléer à mon impuissance et à mon incapacité. C'est la voie de la main tendue à laquelle j'accepte de m'accrocher, pour assurer mon propre salut.

De plus, je ne peux répondre convenablement à ces questions que si je suis animé d'un désir sincère de m'en sortir. Et cette sincérité n'est vraiment possible que si je fuis les deux défauts maléfiques que sont le mensonge et la manipulation, et accepte de les remplacer par les deux qualités essentielles que sont l'humilité et l'honnêteté. Il me faut remplacer les deux « m » par les deux « h », le mensonge et la manipulation doivent céder le pas à l'humilité et à l'honnêteté. Cette transformation, en termes d'attitude et de comportement, va déterminer les chances d'échec ou de succès du rétablissement du toxicomane. Autant le mensonge et la manipulation sont les outils dévastateurs dont se sert celui qui continue de se détruire, autant l'humilité et l'honnêteté devraient être utiles à celui qui désire se reconstruire. Personnellement, j'ai mis du temps à passer de l'un à l'autre, piégé par des sincérités et des désirs successifs qui décrivaient bien mon ambivalence à l'égard de la consommation. Un peu comme sur le mode de l'effeuillement de la marguerite : « Je veux, je veux pas. J'arrête, j'arrête pas. »

Tant et aussi longtemps que je n'ai pas baissé les bras et abandonné, cessant de me battre tout seul contre mes démons, je n'ai pas pu créer l'environnement propice à mon relèvement. Me considérant comme une personne intelligente, je cultivais en même temps des attitudes mentales qui compromettaient mon cheminement thérapeutique. Combien de fois les intervenants m'ont-ils invité à être moins cérébral, moins rationnel afin d'apprendre à me brancher davantage sur mes sentiments et sur mes émotions, c'est-à-dire pouvoir passer de la tête au cœur, diminuer la réflexion pour mieux accentuer la sensation. Voilà l'effort majeur que je devais consentir pour entrer véritablement en contact avec moi-même. Cela a pris du temps, mais cela a valu la peine.

Me connaître, m'accepter et m'affirmer tel que je suis, voilà l'extraordinaire programme que je m'étais fixé, d'une thérapie à l'autre, d'un centre de traitement à l'autre. Les gens s'imaginent que la désintoxication suffit amplement. Ils se trompent ; vider le système des effets physiques des drogues ne représente que la pointe de l'iceberg. Car, une fois franchie cette étape relativement courte commence le vrai travail sur les questions fondamentales que sont « Qui suis-je ? D'où viens-je ? Où vais-je ? » Voilà le vrai défi : s'efforcer de mieux se connaître afin de mieux se comprendre et comprendre ce qui nous a amené à tomber dans le panneau. Cela m'a permis d'entreprendre un grand et beau voyage intérieur à la découverte de moi-même, à la recherche de mes valeurs personnelles.

Parcours éprouvant parsemé d'embûches, à commencer par celles que je plaçais moi-même sur mon chemin. Que de chutes et de rechutes j'aurai tolérées avant d'accoucher enfin de la personne que je suis aujourd'hui. Malgré toutes les difficultés que j'ai subies en cours de route, j'ai toujours eu le sentiment de progresser, lentement mais sûrement. Souvent découragé, souvent désespéré. Avec, toujours là, cette petite flamme, cette intime conviction de voir un jour la lumière au bout du tunnel. D'y être parvenu me confirme qu'il valait la peine d'y mettre du temps, patiemment, courageusement et, surtout, humblement.

Une thérapie n'est pas un jardin de roses. J'arrivais dans un milieu de gens *poqués* et *fuckés* que je croyais très différents de moi avant de m'apercevoir qu'ils me ressemblaient comme des frères : malades et souffrants. En tout cas, suffisamment humbles et honnêtes pour venir chercher de l'aide et se sortir de leur misérable état. Une fois franchie la porte du centre de traitement, j'ai dû accepter de me départir de tous les attributs extérieurs qui marquaient mon statut social pour me présenter dans toute la vérité et la réalité de mon dénuement : battu et abattu. Défait, détruit, et démoli. Admettre et accepter cette situation extrême constitue une condition préalable à toute démarche visant des résultats positifs. Refuser d'admettre cette situation condamne le toxicomane à une vie de souffrance permanente.

Mes trois premières thérapies, entre 1990 et 1995, proposaient des approches assez semblables. D'une durée de trois semaines chacune, elles s'inspiraient essentiellement de la philosophie des Alcooliques Anonymes, fondée sur les douze étapes. Ainsi, à la Maison Jean-Lapointe à Montréal, à la Villa Ignatia à Québec, comme au Pavillon du Nouveau Point de Vue à Lanoraie, j'ai assimilé un programme à la fois simple et riche. D'ailleurs, ceux qui ont choisi de fréquenter des groupes d'entraide plutôt qu'un centre de traitement peuvent, à bon droit, considérer qu'ils ont acquis des outils très utiles favorisant leur rétablissement. J'ai moi-même participé activement à ces groupes entre chacune de mes thérapies, même s'il m'arrivait de rechuter. Cet investissement a sans doute largement contribué à raffermir mes convictions quant à la gravité de mes problèmes.

Les quatre thérapies que j'ai suivies ensuite, de 1996 à 2000, ont été plus longues, variant entre sept semaines et cinq mois, de la Clinique du Nouveau Départ à Montréal, jusqu'à la Maison Choix et Réalité dans les Hautes-Laurentides. Fort différentes de mes trois premières thérapies, elles préconisaient une prise en charge globale de l'individu, intégrant les approches médicale, pharmacologique, et bio-psychosociale. Les problèmes comportementaux étaient prioritairement examinés et traités dans le but de responsabiliser les individus afin qu'ils soient en mesure de réintégrer la société et de redevenir fonctionnels. Dans mon cas, cette approche s'est avérée très productive, puisqu'elle m'a obligé à m'analyser dans toutes les dimensions de ma vie. Ce « Connais-toi toi-même », cette quête d'identité, correspondaient exactement à mes besoins, à commencer par la soif que j'avais de répondre à mon questionnement existentiel.

Dans chacun de ces centres de traitement, j'ai dû plaider et négocier pour qu'on m'accorde le privilège d'avoir une chambre à moi. Toujours cette foutue phobie du bruit et de la présence dérangeante des autres. Je me rappelle avoir dormi dans le corridor durant quatre nuits consécutives, couché sur un petit divan, pour fuir les ronflements de mon voisin de chambrette. Partout, on s'est soumis à mes caprices, me donnant ainsi plus de chances de réussir ma thérapie. Et ce, malgré la très compréhensible envie et jalousie des autres résidants. La vie en communauté, quoique exigeante, m'a permis de me refaire un univers relationnel, de réapprendre à fonctionner en groupe et de redécouvrir l'importance de la communication, soit écouter davantage, m'ouvrir aux autres, parler des vraies affaires. Sans masque. Sans artifice.

Je pense avoir montré que, plus on s'enfonce dans la consommation, plus on devient dysfonctionnel, incapable d'assumer de façon responsable les petites comme les grandes choses. À cet égard, chaque thérapie m'aura inculqué une nouvelle discipline de vie plus orientée vers la satisfaction de mes besoins que de mes désirs. Pour quelqu'un comme moi, qui avais toujours vécu dans la facilité et l'aisance, le grandiose et le spectaculaire, à l'avant-scène, sous les feux de la rampe, l'apprentissage de la simplicité a été salutaire. Abandonner le pouvoir, la gloire, et le prestige pour accepter de devenir un « gars ben ordinaire » tenait de la transfiguration.

À la fin du printemps de 1999, après de très longs mois de va-et-vient entre l'abstinence et les rechutes, la direction de la Clinique du Nouveau Départ, considérant que j'étais devenu un cas trop lourd et qu'elle avait fait le maximum pour moi, me plaça devant un choix en forme d'ultimatum : ou bien j'acceptais d'aller dans une communauté thérapeutique pendant cinq mois, ou bien je me débrouillais tout seul. Je me rappellerai toujours la rencontre qui eut lieu dans la salle de conférence de la Clinique. Toute l'armada s'y trouvait réunie, le « bon docteur » Chiasson, la directrice générale, Anne, mon intervenant, Gilles, et mon conseiller financier, Simon, toutes ces personnes qui m'avaient tout donné pour favoriser mon rétablissement, mais qui, lucidement, reconnaissaient qu'elles ne pouvaient en faire davantage.

Pour la circonstance, mon frère Pierre accepta de représenter la famille. Ce frêle intellectuel qui travaille au Haut Commissariat des réfugiés, aux Nations Unies à New York, profitait d'une année sabbatique à Montréal. La détérioration de ma condition l'affectant beaucoup, il se rapprocha de moi pour m'inciter à passer à l'action. Durant la réunion au sommet, il laissa parler l'état-major qui tentait de me convaincre de démontrer ma bonne foi en acceptant leur proposition. Rien n'y fit. Encore sous l'effet de puissants médicaments qui me donnaient des airs de légume, je résistais à leurs arguments et j'opposais une fin de non-recevoir. Lassés de mon attitude, ils abandonnèrent et sortirent tous de la salle. Sauf Pierre qui n'avait pas encore dit un mot.

Mais il n'en pensait pas moins. Je levai la tête et plantai mon regard dans le sien. Je vis dans ses yeux une immense tristesse et devinai une totale impuissance. Il y a, dans la vie, des moments de grâce qu'il faut savoir saisir : celui-là était pour moi. Tout son être exprimait une telle souffrance que j'oubliai mes raisonnements fallacieux, baissai les bras, et laissai ma carapace se fissurer. Pour moi comme pour lui, deux hommes si rationnels, c'était une situation unique : nous étions cœur à cœur. Je demandai à revoir la haute direction :

— C'est bien. J'accepte. J'y vais.

Quelques jours plus tard, le 26 mai, un curieux trio quitta Montréal pour le petit village de La Minerve, dans les Hautes-Laurentides. Nous étions trois Jean-François, tous trois toxicomanes, tous trois dépendants de la cocaïne. L'un, au volant, qui conduisait sous l'effet de la drogue, le second, agissant comme surveillant des deux autres et moi, sur le siège arrière. Pathétique ! Rien n'arrive par hasard : un des Jean-François vint me rejoindre en thérapie un mois plus tard et n'a plus jamais consommé depuis, et l'autre a fait de même un an plus tard, avec le même résultat. Amis à l'époque, ils le sont toujours. Une belle histoire…

La Maison Choix et Réalité offrait un programme de cinq mois, divisé en quatre étapes qui, de l'une à l'autre, pouvaient être reprises si elles n'avaient pas donné de résultats satisfaisants, tout cela laissé au jugement des intervenants. En plein bois, dans un cadre bucolique, sur les bords du magnifique lac Chapleau, cet ancien club privé de chasse et de pêche accueillait une clientèle mixte, très diversifiée, assez démunie, dont une bonne proportion de «gars de prison». Il me fallut m'adapter à ce groupe plutôt *rock and roll*, fort différent de celui de la Clinique du Nouveau Départ où, en raison des coûts élevés, se retrouvaient les mieux nantis. Là-bas, dans le Nord, je fis la connaissance d'éclopés qui étaient souvent des exclus de la société.

Au cours des dix premiers jours, tous les soirs je voulus faire ma valise et quitter cet univers déprimant. Je ne voyais pas comment je parviendrais à m'intégrer à un tel milieu, aux antipodes du mien. Quand je compris un peu mieux que j'avais besoin de cette thérapie autant que les autres pensionnaires, je décidai de m'y investir à fond et d'en tirer le meilleur parti. Je me constituai vite un petit groupe d'amis, la «gang de la Clinique», comme on l'appelait, puisque c'était devenu une nouvelle stratégie que d'envoyer là les cas lourds qui avaient besoin d'un autre milieu et d'une autre approche. À cette époque, en 1999, nous étions les premiers cobayes. Cependant, la réussite fut telle que les liens entre les deux centres ont pu se raffermir et se consolider. Heureuse collaboration qui se poursuit et se développe encore aujourd'hui, et ce, pour le plus grand bien de tous.

Quelques mois plus tôt, en mars, ma mère avait appris qu'elle souffrait d'un cancer du pancréas. Pour la famille, ce fut un choc. Cette femme, si énergique et si vigoureuse, plus jeune que nous tous, apprenait que son heure était venue, car on ne lui avait prédit que très peu de temps à vivre. Elle fit face à son destin avec courage et sérénité. Elle faillit bien nous quitter au moment d'une intervention chirurgicale qui la garda aux soins intensifs pendant quelques jours. Puis, plus fragile que jamais, elle déploya beaucoup d'efforts pour se remettre sur pied tant bien que mal. Même si je consommais beaucoup durant cette période, je m'arrangeai avec mes frères et sœurs pour lui rendre visite régulièrement à l'hôpital. C'est au moment où je suivais ma thérapie dans le Nord qu'elle put revenir dans sa maison pour y écouler ses derniers mois. Cela me valut un traitement de faveur qui me permit d'aller la voir chaque week-end, alors que les sorties m'étaient encore interdites.

Ces mois passés au chevet de ma mère furent une des plus riches expériences de ma vie. Nos conversations, malgré quelques lourds secrets qui allaient rester enfouis, nous permirent de développer une belle connivence qui se traduisait par des gestes et des paroles toutes simples. Elle s'amusa même à préparer avec nous ses funérailles. Je l'aidai à rédiger le message que j'aurais à lire à l'église. Vers la fin, alors qu'elle proposait le choix musical de la cérémonie, je lui dis à la blague de s'étendre sur son lit, de fermer les yeux, et d'écouter… en faisant la morte! Elle en riait. Nos derniers moments ensemble n'ont rien eu de lugubre ni de scabreux. Au contraire, l'humour toujours présent allégeait l'atmosphère. Je sais qu'elle apprécia chaque instant de ses dernières heures en famille qui témoignaient du respect et de l'amour de ses enfants.

Le 4 septembre, qui marquait par hasard le quinzième anniversaire de son élection comme député, une fête fut organisée à sa résidence des Cantons-de-l'Est. Ce serait la dernière. Ses sept enfants l'entouraient, le clan entier était réuni. Sur la terrasse, sous un magnifique soleil, elle prit son dernier vrai repas: blé d'Inde, caviar, et vodka. Ah, la bienheureuse! Puis, pendant qu'elle refit lentement la visite de sa grande maison pour y ressasser ses souvenirs, ses enfants se réunirent pour un premier conseil de famille dont elle serait à l'écart… Puis, elle se joignit à nous. Le temps s'arrêta sur un long silence, et je risquai la question:

— Maman, aimerais-tu nous dire quelque chose?

Pudique et posée, sa réponse fut toute simple:

— Oui. Je veux vous remercier pour toute l'affection dont vous m'avez entourée ces derniers mois. Je vous ai trouvés formidables dans les circonstances.

Maman, sobre et réservée, je le sentais, était fière de ses enfants. Ainsi l'étions-nous d'elle.

— Merci, maman. Merci pour la vie.

Nos étreintes se firent intenses. Elle reprit la route du petit hôpital local, passa une mauvaise nuit, et tomba dans un profond coma dont elle ne sortit pas. À 16 h, le vendredi 10 septembre 1999, la vie la quitta.

J'étais chez moi, à Montréal, où on m'avait donné la permission de passer la semaine pour préparer les funérailles. J'étais abstinent depuis trois mois et demi, soit depuis le début de cette sixième thérapie. Mais, chaque fois que je revenais de l'hôpital, tard le soir, je circulais dans le carré Champlain pour m'y rincer l'œil. Ce faisant, j'adoptais de nouveau un comportement dangereux qui risquait de déclencher une nouvelle rechute. Mes fantasmes étaient à fuir à tout prix.

Ce vendredi du décès de maman, après quelques heures de grande émotion dans la maison familiale de Cowansville, à mon retour, je répétai le même scénario. Et cette fois, j'arrêtai ma voiture et m'approchai d'un prostitué qui m'avait interpellé:

— Tu veux du sexe?

— Je ne sais pas. J'ai surtout le goût de parler.

— Ah oui?

— Ma mère vient de mourir.

— Désolé pour toi.

— Allez, monte.

Il me proposa d'aller faire un tour au parc Lafontaine. Sitôt arrivé, il me demanda:

— Est-ce que ça te dérange si je prends une ligne de *coke*?

— Non. C'est ton affaire. Mais moi, je n'en prends plus.

Il sortit son sachet de poudre blanche et *sniffa*. Je me sentis subitement plus fébrile et sortis rapidement de la voiture. On fit une courte marche dans le parc. Dans un endroit sombre, il me fit face, détacha mon pantalon, et le descendit jusqu'à mes genoux. Il s'empara de mon sexe et m'excita.

— Pas ici. Allons chez moi.

— O.K.

Une fois dans la voiture, il prit une autre ligne. C'était une de trop. Bouleversé par les émotions du jour, terriblement fragilisé, excité et allumé, je ne pus résister plus longtemps :

— Est-ce que je peux me servir ?

— Bien sûr, vas-y.

Avant que ma mère soit mise en terre, j'allais rechuter trois fois en cinq jours, à raison de plusieurs heures chaque fois. Je venais de saboter mon rétablissement. J'étais envahi de honte et de remords. Mes frères et sœurs virent bien mon désarroi et ma détresse, mais n'osèrent pas m'accabler de leur jugement. Mais Dieu qu'ils devaient en souffrir ! Je me retrouvai plus seul et plus isolé que jamais, incapable de retourner à ma thérapie et découragé à l'idée de tout recommencer à zéro. Cela dura dix mois. Je me défonçai et m'enfonçai encore plus profondément, avec des conséquences toujours plus désastreuses, jusqu'à ce que j'atteigne un autre bas-fond encore plus profond que ce celui que j'avais connu jusqu'alors. De nouveau défait et rempli de culpabilité, le jour de mon anniversaire, je me décidai à téléphoner :

— Maison Choix et Réalité, bonjour.

— Bonjour. Passez-moi Chantal, s'il vous plaît.

Trois jours plus tard, je repris mon baluchon et retournai là-bas pour une septième thérapie. Elle dura six semaines. Humblement et courageusement, je me remis en condition physique et psychologique et terminai le séjour avec succès. Mais, au fond de moi, je conservais la peur d'une autre rechute qui pourrait m'être fatale.

Pour un toxicomane, cette peur et cette inquiétude sont indispensables. Chacun sait qu'on ne guérit jamais de cette terrible maladie. Et ce n'est qu'en vivant un jour à la fois qu'on peut gagner la bataille. D'un aujourd'hui à l'autre, en se rappelant bien qu'il y a deux journées qu'il est nécessaire d'ignorer : hier, qui n'existe plus, et demain, qui n'existe pas encore.

Au début d'août 2000, j'étais donc de retour chez moi, à Montréal, déterminé à redoubler d'efforts pour préserver et consolider cette nouvelle abstinence. Me méfiant des occasions qui pourraient déclencher les mécanismes d'une éventuelle rechute. Craintif et prudent. Les jours défilaient, ma sobriété s'installait. Confortablement. Les trois Jean-François continuaient de s'entraider, mes frères et sœurs semblaient rassurés et même ravis de me voir en bien meilleur état. Le beau fixe.

La joie de vivre revint, avec ce désir si longtemps réprimé d'effectuer un voyage à l'étranger. Le projet vit enfin le jour et je m'envolai vers le Maroc avec, dans le registre secret de mes fantasmes, le goût de me retrouver sur la place Djemaa El Fna, à Marrakech, pour y vivre une expérience sensorielle hors du commun. Merveilleux séjour de doux dépaysement qui me permit de visiter les villes impériales et le grand Sud désertique, avant de m'arrêter quelques jours à la station balnéaire d'Agadir. Un soir, après le souper, au terme d'une marche de santé au centre-ville, je vis deux jeunes Marocains se diriger vers moi.

— Vous cherchez quelque chose ?, me lancèrent-ils, dans un français approximatif.

— Peut-être, ça dépend, dis-je, mi-menteur.

L'un d'eux m'attirait particulièrement. Racé et charmant.

— Tu t'appelles comment ?

— Zaglou. Et toi ?

— Jean-François. Tu te prostitues ?

— Oui, pour payer mes études à l'université.

Plutôt que de donner vie à mes instincts, je me mis à discuter avec eux afin d'en apprendre davantage sur leurs projets. Et je fixai un rendez-vous à Zaglou pour le lendemain midi. C'est ainsi qu'il me proposa de me faire découvrir le vrai Maroc. C'était le début d'une amitié. Avant de le quitter, je lui tendis 500 dirhams (environ 75 $), sans mauvaise intention et sans troc sexuel. Et c'est dans de belles étreintes, pleines de tendresse et d'affection, que nous nous quittâmes. Depuis, je garde contact avec lui et lui fais parvenir mensuellement un peu d'argent pour payer ses études, mais je n'en

finis plus de repousser un prochain voyage pour me rapprocher de lui et de son pays.

Et puis, au retour, on me fit un cadeau inespéré. La Maison Choix et Réalité recrutait de nouveaux intervenants en
toxicomanie. Je proposai mes services et fus retenu. Commença alors une autre des plus belles périodes de ma vie qui
me permit de remettre ce que j'avais reçu, et de me consacrer
à aider d'autres toxicomanes. À raison de quatre jours de travail par semaine, et ce, au salaire minimum, je dois admettre que je n'ai jamais connu un travail plus gratifiant. Je donnais enfin un sens à ma vie en canalisant mes énergies vers
mon plus grand centre d'intérêt : l'être humain. Je mettais
à profit ma propre expérience avec ce formidable sentiment
d'être utile aux autres. Et puis, conséquence non négligeable,
je consolidais mon abstinence et ma sobriété. Gagnant sur
tous les plans.

Jusqu'à ce que…

CHAPITRE 11

David

Le lundi 25 mai 2000, j'entrai au travail, à la Maison Choix et Réalité, vers 8 h, comme d'habitude. D'un signe du doigt, le directeur clinique, Richard, m'invita à entrer dans son bureau. Il avait une mine sombre. Je l'interrogeai :

— Ça ne va pas ?

— Moi oui, toi non.

— Comment ça ?

— Je te demande de quitter la Maison dès maintenant.

— Quoi ?

— Tu as bien compris.

— Mais pourquoi ?

— Pose-toi la question, tu vas trouver la réponse. On se reparlera plus tard, dans ton chalet.

Complètement chaviré, sonné, et abasourdi, je m'éclipsai. Dans ma voiture, en route vers le chalet, je tentai de décoder ce qui m'arrivait. J'avais certes des penchants que je ne cachais pas à l'égard de quelques jeunes. En termes plus cliniques, « on déplorait sans doute mon attitude envers certains résidants à l'endroit desquels je ne gardais pas la distance émotive et affective nécessaires à l'exercice professionnel de mon intervention ». Quelques noms de jeunes hommes remontaient à mon esprit : on me reprochait parfois des démonstrations d'affection déplacées, quoique pudiques, contraires au code d'éthique de la Maison. Je compris qu'un événement récent venait de faire déborder le vase. Richard et Chantal me le confirmèrent quelques heures plus tard : un jeune résidant, manipulateur dans l'âme, s'était pris au piège de mes faiblesses et se montrait très perturbé par la relation que nous avions développée.

Je versai toutes les larmes de mon corps tellement ma douleur était grande. Pourtant, j'avais été prévenu, je ne pouvais nier les faits. La direction avait pris la seule décision qu'il était possible de prendre dans les circonstances, et c'était la bonne : protéger le jeune homme que mon comportement avait bouleversé. *Mea culpa*. À cause de ma propre turpitude, j'écopais. C'était bien fait pour moi. On me renvoyait à mes démons.

Le lendemain, je rentrai définitivement à Montréal, la tête entre les deux jambes, dans un état de grands tourments. Après seulement sept mois d'un engagement social aussi valorisant, je me retrouvais complètement perdu. Je ne savais plus à quoi me raccrocher pour survivre à cette épreuve. Je me retrouvais seul. J'essayais d'appliquer ce que j'avais enseigné : garder mon calme, demeurer serein, rester positif, ne pas tomber dans l'apitoiement et le ressentiment, et faire la paix avec moi-même. J'y parvins plutôt aisément durant les premiers jours, bien que, pour évacuer ma douleur, je repris le petit manège de mes balades erratiques et érotiques au carré Champlain. Je payais des prostitués, mais en prenant bien soin de m'en tenir au sexe et d'éviter la *coke*, d'autant plus que je n'étais qu'à quelques jours de fêter ma première année d'abstinence, le 22 juin, jour de mon anniversaire.

Durant l'après-midi du 13 juin, je répétai mon scénario habituel, en ramassant un jeune qui faisait le trottoir, rue Sainte-Catherine. Il me demanda 40 $ que je lui remis tout de go afin qu'il puisse se procurer du *pot* avant de venir chez moi pour la baise. Je garai ma voiture près d'un petit parc. Il en sortit, acheta sa drogue, et me fit signe de le suivre dans un appartement, au sous-sol d'un immeuble. Quelqu'un l'y attendait

— Tu en as?

— Oui. Passe-moi ta pipe.

Je le vis alors sortir un sachet qui contenait plutôt du *crack*. Quand il en fuma, je devins tout fébrile.

— Je peux?

— Oui, oui.

Je m'exécutai. C'était ma première *puff* depuis 50 semaines. L'effet fut tellement fort et tellement bon qu'en moins de deux je m'étais dévêtu, j'avais une envie de sexe incontrôlable. Comme l'autre tardait à me rejoindre, j'en repris une deuxième fois pour garder le *feeling*. Mais voilà, à trois pour deux petites roches, il n'en restait déjà plus. J'étais tellement déçu et frustré que je me sentis prêt à tout faire pour m'en procurer d'autres. On retourna au Village et, quel beau hasard, j'y retrouvai une vieille connaissance. Il me proposa d'aller chercher 300 $ chez un ami restaurateur avec ma carte de crédit que j'avais récupérée, mais avec laquelle je ne pouvais obtenir de l'agent comptant. La stratégie réussit, on s'acheta 15 quarts de *crack*, et on se rendit chez moi pour *tripper* à trois. Après quelques heures, on répéta le manège en se rendant dans un bar de danseurs d'où on sortit avec un autre 300 $. Le *party* se poursuivit jusqu'aux petites heures du matin. Effacée la belle abstinence et tout le bien-être qui l'accompagnait, j'étais de nouveau plongé dans ma misère de merde, faute de m'être tenu à distance de cet environnement malsain.

Quand je repris mes esprits, je compris dans quel pétrin j'étais et me posai la question suivante : cette nouvelle et cruelle rechute, combien de temps allait-elle durer ? Car, si le passé était garant de l'avenir, j'en aurais pour plusieurs mois avant de toucher le fond et d'aboutir de nouveau en thérapie. Mais, pour l'instant, pour geler ma souffrance intérieure, j'avais surtout le goût de poursuivre ma rechute pour ne pas ressentir mon mal de l'âme et la dépression profonde qui s'installait en moi. Surtout que je dus avouer à ma famille et à mes amis la terrible réalité. Leur tristesse n'avait d'égal que leur impuissance, et je me retrouvai encore fin seul pour faire face à mes problèmes.

Dans les jours qui suivirent, je croisai un certain Philippe dont je ne me souvenais pas, mais qui me rafraîchit la mémoire. Un an plus tôt, au printemps 2000, j'avais fait la connaissance d'un de ses grands amis, David, dont je n'avais plus eu de nouvelles depuis, sauf une fois, lorsque je l'avais aperçu au carré Champlain, alors qu'il se prostituait. Sale et amaigri, il m'avait fait mauvais effet et m'inspirait une telle pitié que j'avais même tenté de l'orienter pour qu'il puisse se sortir de ce milieu corrompu. Sans le moindre résultat, puisqu'il avait alors bien d'autres préoccupations en tête.

Ce David, je l'avais d'abord rencontré un soir où je consommais chez moi avec un autre jeune. Déçu du peu d'enthousiasme de ce dernier à baiser, je lui avais demandé de retourner au Village afin de trouver quelqu'un à ramener à mon appartement. Il revint une heure plus tard avec David. J'eus un choc en le voyant. Il était extrêmement beau, yeux brillants, sourire éclatant, lèvres sensuelles. Il avait un corps superbe qui invitait aux touchers et aux caresses. J'étais sans mot, ébloui et stupéfait. Quel magnifique cadeau ! Mais quelle ne fut pas ma surprise et mon étonnement lorsque, après m'être présenté, il me lança :

— Jean-François Bertrand ? Serais-tu parent avec l'ancien premier ministre Jean-Jacques Bertrand ?

— Euh, oui... Comment as-tu deviné ça ?

— Eh bien, je m'intéresse à l'histoire et à la politique.

— Alors là, tu me surprends, tu as l'air si jeune... Quel âge as-tu ?

— 24 ans.

Comme j'étais déjà nu, je l'invitai à se dévêtir et découvris alors un corps qui me séduisait et m'excitait au plus haut point. Je me sentais intimidé et je n'osais même pas m'approcher de lui pour le toucher. Admiratif, je ne me lassais pas de le contempler. Il ne resta malheureusement avec moi que quelques courtes heures, je ne pus donc me satisfaire pleinement. Parce que nous avions discuté d'actualité pendant un bon moment, je n'étais pas parvenu à assouvir mes désirs. Ce n'est pourtant pas le goût qui manquait. Bref, il partit et je n'allais le revoir que quelques mois plus tard, dans le piteux état que j'ai décrit plus haut.

Donc, l'année suivante, en pleine rechute, quand je revis Philippe, je m'informai de son ami David.

— Que devient-il ?

— Oh, il a suivi une thérapie en janvier dernier qu'il a malheureusement abandonnée avant la fin.

— Et maintenant, qu'est-ce qu'il fait ?

— Il est de retour à Montréal. Il danse au *Taboo*. Tu connais ?

— Oui, oui. J'y suis allé souvent ces dernières années. Est-ce qu'il s'est remis à consommer ?

— Je crois que oui. Si tu veux le voir, il danse ce soir.

Je n'étais qu'à quelques rues de ce bar de jeunes danseurs nus où on pouvait voir les plus beaux éphèbes en ville. Quand j'y entrai, je me mis à la recherche de David que j'avais perdu de vue depuis plusieurs mois. Allait-il me reconnaître ? J'allai de table en table, indifférent à celui qui se trémoussait sur la scène, seulement désireux de croiser le regard de David. Mais, était-ce bien lui que je voyais, assis avec un homme d'un certain âge ? Je m'approchai : il était torse nu, affable et souriant. Je m'installai à quelques pas de lui et le dévisageai. Soudain, son regard croisa le mien et son visage s'illumina.

— Salut !

— Bonsoir, David.

— Comment savais-tu… ?

— Philippe. Alors, ça va ?

— Bien sûr. J'ai commencé ça depuis quelques jours. Ça paye.

— Et la *coke* ?

— J'en prends encore, mais beaucoup moins qu'avant. J'économise mon argent pour retourner aux études.

— Je suis content de te revoir. La dernière fois, tu étais plutôt mal en point.

— Plutôt, oui. Depuis, je suis allé en thérapie. Mais je ne l'ai pas terminée. Je suis parti pour suivre une fille dont j'étais devenu dépendant affectivement. Mais, finalement, ça n'a pas marché ; je me suis de nouveau cassé la gueule.

— Dis, David, j'aurais vraiment le goût de *tripper* avec toi. Moi aussi, je suis retombé il y a quelques jours, après 50 semaines d'abstinence.

— O.K. Je te donne mon numéro de téléphone. On pourrait se voir la semaine prochaine. Le soir, parce que, le jour, je travaille chez un prêteur sur gages.

— Très bien. Je t'appelle. J'ai hâte qu'on se retrouve ensemble. Allez, salut !

« Quel bonheur, me dis-je ! Quelle chance de l'avoir retrouvé ! » À partir de ce moment, je sus que ma rechute allait durer longtemps, puisque je ne me priverais pas du plaisir d'être avec David le plus souvent possible et de concrétiser tous mes fantasmes avec lui. Ce faisant, je retombais dans le cercle vicieux de mes comportements antérieurs, balayant du revers de la main tous les arguments qui auraient dû m'en empêcher.

Or, une rechute comme celle-là est particulièrement éprouvante parce qu'elle entraîne dans un ravin encore plus profond celui qui s'en est tiré de peine et de misère. La mémoire devient sélective et ne reprogramme que des « bons » moments, ignorant toutes les situations dramatiques et les conséquences qu'un tel choix va forcément entraîner, et qui seront encore pires que les précédentes.

Trop pressé de le revoir, je pris l'initiative de retrouver David à son travail dès le dimanche suivant. Il se précipita vers moi, l'air préoccupé.

— Ça va ?

— Non. Je dois quitter mon logement aujourd'hui. Mon coloc ne veut plus de moi. J'avais perdu mes clés et, pour rentrer chez moi, j'ai dû fracasser une fenêtre. Et j'ai dérangé le propriétaire qui habite en dessous.

— Écoute, je peux peut-être te dépanner pour quelques jours, le temps que tu trouves autre chose.

— Ah, ça m'aiderait beaucoup.

Quand il eut terminé sa journée, il procéda à un déménagement rapide et s'installa chez moi, dans une petite chambre. Je n'avais pas prévu que tout irait aussi vite et que je me retrouverais si tôt près de lui. J'en étais ravi et je piaffais déjà d'impatience à l'idée de le revoir nu, sous l'effet de la cocaïne. Cela ne tarda pas. Dès le lendemain, j'accourus chez mon conseiller financier dans l'espoir qu'il me refile quelques centaines de dollars, sous prétexte d'une quelconque dépense que je devais effectuer le jour même… Agité, fébrile, et impatient, je m'achetai une quinzaine de roches chez un *pusher* et rentrai aussitôt chez moi. David avait déjà tout préparé : la pipe, les cigarettes, le briquet, tout y était. Avec précipitation, je respirai le premier. Il suivit. Complètement allumés, nous passâmes à l'action. J'étais au septième ciel, comblé et euphorique.

Enthousiaste à l'idée que David demeure chez moi, je lui proposai de s'y installer confortablement. Je lui offris d'y cohabiter moyennant un loyer de 300 $. À ma plus grande joie, il accepta. Quel bonheur de partager sa vie jour après jour ! Chaque matin, j'allais le reconduire à son travail et retournais le chercher à la fin de la journée. Intelligent et cultivé, il s'intéressait à tous les sujets d'actualité. Nos repas s'enrichissaient de passionnants échanges. Quand je voulais lui témoigner des marques d'affection, il ne se dérobait pas, à condition qu'elles soient sobres et pudiques. Je m'en contentais. Mais, dès que j'avais suffisamment d'argent pour organiser un bon *party*, toutes ses défenses tombaient.

Sous l'effet de la *coke*, David, tout comme moi, devenait méconnaissable. Nous étions capables de comportements sexuels bien différents de ceux que nous avions à jeun. Notre complicité, notre connivence, c'est ce qui m'est arrivé de plus extraordinaire, surtout si je compare cette aventure à mes amourettes d'un soir avec des dizaines de prostitués passifs et indifférents qui n'en avaient que pour l'argent et la drogue. Dans mon for intérieur, j'avais la conviction d'avoir atteint le summum du plaisir et de la jouissance. Bien plus, je me sentais envahi de vives émotions quand je me retrouvais à ses côtés. Des sentiments très forts commençaient à monter, que je n'étouffais ni ne dissimulais. Pris à mon piège, je devins amoureux de David. Mais, ô souffrance, il ne l'était pas de moi.

Les semaines et les mois passèrent. Nous nous installions dans la routine. David travaillait six jours par semaine, onze heures par jour. Moi, je végétais tout en cultivant mes fantasmes. Dès que je trouvais le moyen d'avoir de l'argent, pour toutes sortes de fallacieuses raisons enrobées dans le mensonge et la manipulation, je m'évadais de nouveau avec David dans notre paradis artificiel, au péril de notre santé et de notre vie. J'en garde aussi de forts mauvais souvenirs telles ces crises convulsives au cours desquelles David, après quelques *puffs* de roches, se mettait à trembler de tout son corps, comme un épileptique, écumant à pleine bouche, les yeux complètement renversés, dans une attitude qui donnait l'impression qu'il allait rendre l'âme. Inquiet et impuissant, je le serrais contre moi pour l'empêcher de se blesser, mais il s'agitait tellement que je prenais peur. Au bout de quelques trop longues minutes, quand cessaient enfin ses tremblements, le voyant sans souffle, complètement vidé, je le croyais mort. Mais après quelques râles profonds, il émergeait lentement de sa léthargie et, le corps en sueur, il reprenait vie.

— Donne-m'en une autre.

— Quoi ? Tu n'y penses pas ?

— Allez, j'en veux encore.

— Mais, David, pas dans cet état-là.

— Quel état ?

— Cette crise que tu as eue, tu as failli mourir.

Il ne se rappelait de rien. Inconscient, comme dans un coma, il agissait comme s'il ne s'était rien passé. Et, malgré mon inquiétude, il en reprenait. Par la suite, j'eus peur que cela se reproduise de nouveau. En fait, il fut victime de deux autres crises. Et même s'il finit par en mesurer les conséquences durant ses courtes périodes d'abstinence, il continua — et moi aussi — à plonger encore plus profondément dans la déchéance.

Arriva le moment où je sombrai dans la paranoïa. Incapable de le voir souffrir ainsi, je fis face à un problème semblable. Je donnais des signes de démence à l'instar de plusieurs prostitués que j'avais côtoyés. Effrayant. Par exemple, je m'enfermais dans ma chambre pendant des heures parce que j'entendais des bruits dans le corridor en m'imaginant qu'il s'agissait de policiers qui me recherchaient. Je les imaginais qui frappaient à la porte, entraient et se promenaient chez moi, allant d'une pièce à l'autre. Je n'osais pas sortir de ma chambre de peur de me retrouver devant eux. Après quelques bonnes heures, j'entrouvrais ma porte prudemment pour voir ce qui se passait de l'autre côté. En me munissant d'une chaise comme moyen de défense, je m'avançais tranquillement jusqu'à ce que je constate qu'il n'y avait rien ni personne. Cela empira dans les mois qui suivirent. À la fin, j'étais si perturbé que j'étais incapable d'écouter tranquillement des films pornos avec David, craignant que le magnétoscope et la télévision n'explosent. Je me réfugiais dans ma chambre et j'insistais pour qu'il m'y rejoigne. Et quand il allumait le briquet pour que je fume une roche, je paniquais à l'idée qu'il ne m'éclate en plein visage. Pour tout dire, avec l'arrivée de mes comportements paranoïaques s'envola peu à peu mon désir de consommer ; je me rendais compte que je n'avais plus le goût. La peur, l'anxiété, et l'angoisse commençaient à me dominer dangereusement.

Voyant la situation se détériorer, David décida de me quitter et de retourner chez son ancien coloc. J'étais devenu invivable. En effet, comme pour toutes les personnes si proches et si chères que j'ai aimées, j'avais développé avec lui des attitudes de rejet, toujours en invoquant ma phobie du bruit. Je n'étais plus capable de l'endurer.

À la même époque, il perdit son emploi et retourna se prostituer. Toujours amoureux de lui, je devins terriblement jaloux, n'admettant pas qu'il couche avec d'autres que moi. Même si nos relations s'envenimaient, il revint vivre avec moi, puis repartit et revint encore. Après des mois de ce manège et de ce régime de consommation effrénée, intoxiqués jusqu'à la moelle, terriblement maganés, ne pensant qu'à nous défoncer jusqu'à l'extrême limite, nous étions au bout de notre rouleau.

Ce 10 juillet 2002 est à marquer d'une croix blanche.

Je venais de passer une nuit horrible. Une bonne quarantaine de fois, j'ai voulu demander à David d'appeler le 9-1-1, de faire venir une ambulance, et de me conduire à l'hôpital. J'avais mal partout, j'avais des points au cœur. J'étais convaincu que, cette fois-ci, j'allais y passer. Et pourtant, je ne bougeais pas et j'endurais mon mal. David et moi avions consommé toute la journée précédente, en nous éclatant au maximum. À la fin de la soirée, malgré mon épuisement, mes faiblesses et mes étourdissements, sans compter les manifestations de ma paranoïa, je téléphonai à mon ami Mario pour qu'il m'apporte le cent dollars qu'il conservait précieusement afin de m'empêcher d'en avoir trop dans mes poches, me protégeant ainsi d'une possible rechute. Mario, qui avait cessé de se battre avec moi lorsque je me faisais trop insistant, se présenta chez moi avec l'argent, dissimulant mal sa tristesse et sa colère.

Je rappelai le *pusher* pour cinq quarts additionnels. Allongé dans mon lit, David à mes côtés, je fumai ces dernières roches avec un profond haut-le-cœur. Car non seulement elles ne me faisaient plus d'effet, mais elles me dégoûtaient de plus en plus, tellement, que je me suis mis à avoir des nausées et le goût de vomir. Et David qui m'énervait avec cette habitude qu'il avait d'en répandre partout et de tout salir, fidèle à lui-même, dérangeant tout autour de lui. Au lendemain d'un *party* de cul et de *coke*, mon appartement était dans un état lamentable : une vraie soue à cochons. Triste et désolant. Donc, après cette soirée décevante et cette nuit effrayante, je sortis du lit au lever du soleil, dans un état qui peut provoquer un véritable réveil chez le toxicomane : un profond écœurement physique, mental et moral. Non seulement j'étais écœuré de la drogue, mais surtout, j'étais écœuré de moi. Incapable de me regarder dans le miroir et de m'aimer. Depuis ce 10 juillet 2002, je nourris l'espoir de ne plus jamais consommer, tout en sachant que je ne serai jamais à l'abri d'une rechute !

Avec les jours, les semaines, et les mois s'est insinué progressivement en moi un certain bien-être que je continue d'entretenir affectueusement, en prenant grand soin de ne pas crier victoire trop rapidement de peur de retomber aussi vite. Je persiste, mais je continue à être vigilant. Je conserve cette juste crainte qui me garde sage et sobre. J'évite de me replonger dans un environnement risqué et malsain. Je m'entoure de gens sûrs qui me motivent et m'encouragent. Et je me réjouis que cette dernière longue rechute de treize mois ne se soit pas soldée, encore une fois, par un autre retour en thérapie. C'est une première ! Sans doute le signe d'un profond dégoût. J'avais atteint mon propre bas-fond, plus déterminé que jamais à m'en sortir farouchement.

Avec tout le bagage d'outils et d'instruments que j'ai acquis au fil des ans, je suis passé à l'action. Je me suis donné un cadre de vie qui me protège des rechutes et m'incite à cultiver des valeurs personnelles humaines. Et puis, je désirais surtout offrir à David le meilleur de moi-même. Durant la dernière année, je ne l'avais certes pas aidé à grandir, bien au contraire : il s'était enfoncé au même rythme que moi. Moi, qui me prétendais amoureux de lui, je n'avais même pas été pour lui un ami. Je souhaitais maintenant me racheter et l'aider dans son cheminement, lui qui, de son côté, continuait malheureusement à s'enliser.

Au début, il douta de ma détermination et me mit à l'épreuve. Sans succès. Le temps passait et mon abstinence durait ; elle prenait racine. David comprit que, cette fois, c'était sérieux. Il me quitta de nouveau et se retrouva au cœur du problème, en plein Village, ayant un accès facile à l'argent et à la drogue. Même s'il se montrait agacé par mon insistance, je ne le lâchais pas d'une semelle, essayant de le motiver à quitter cet univers débilitant. Après un certain temps, il entreprit des démarches pour retourner aux études. Je l'encourageai, particulièrement dans ses moments de déception et de frustration. Il aboutit finalement dans un cours de formation conçu pour faciliter le retour au travail, et persista pendant deux bons mois, espaçant ses rechutes. En outre, il prit de plus en plus de distance avec son milieu malsain en déménageant sur le Plateau.

Je persistais à croire que s'il n'arrêtait pas de consommer, tous ses beaux projets allaient s'effondrer. Je le lui répétais, mais il se faisait de moins en moins réceptif à mes sermons. Lors d'une rencontre assez tendue, il me demanda de cesser de jouer à l'intervenant avec lui et de le laisser vivre de façon autonome. Je comprenais qu'il soit peu enclin à apprécier mes interventions thérapeutiques, moi qui l'avais tellement avili pendant treize mois de consommation. J'acquiesçai et respectai sa volonté.

Quelques semaines plus tard, un lundi, il fit une autre grosse rechute qui dura plusieurs jours. Naturellement, il n'assista pas à ses cours. Le vendredi soir suivant, fort inquiet, je me rendis à son nouvel appartement. Je le retrouvai alité ; il n'avait ni mangé ni dormi de toute la semaine. Je lui soufflai à l'oreille :

— David, tu n'es pas obligé de te laisser aller comme ça. Il y a encore des gens qui t'aiment et qui croient en toi.

— Laisse-moi. Je t'appellerai.

— Quand ?

— Demain matin.

— Bien. J'attendrai ton appel.

Le lendemain, la sonnerie se fit entendre à 10 heures.

— C'est moi. J'aimerais qu'on se voie. J'ai besoin de parler.

— O.K. Je t'attends au restaurant habituel, coin Saint-Denis et Mont-Royal.

Il y était une demi-heure plus tard.

— Alors ?

— Je n'en peux plus. Je suis prêt à entrer en thérapie.

— En es-tu sûr ? Tu ne vas pas changer d'idée dans quelques heures ?

— Non. Pas cette fois-ci.

— Acceptes-tu de m'écouter et d'obéir sans sourciller ?

— Oui.

— Alors, ramasse tes affaires.

— Je te suis.

Ce samedi 30 novembre, j'empruntai la voiture de ma sœur Marie et amenai David dans les Hautes-Laurentides, à 175 kilomètres de Montréal. On arriva à la Maison Choix et Réalité, où j'avais suivi mes deux dernières thérapies, vers 16 heures. C'était la première fois que j'y retournais depuis mon éviction. Chantal et Richard furent surpris de me voir là : le premier contact manqua de chaleur, et pour cause. Nous ne nous étions plus reparlé depuis les tristes événements qui avaient entouré mon congédiement. Mais le choc passé, un climat plus serein et plus positif allait faciliter nos relations qui se poursuivent encore aujourd'hui. Je repris donc la route vers Montréal en souhaitant que David tienne le coup et persévère dans sa décision de se rétablir.

Au moment de terminer ce chapitre, je crois savoir qu'il s'y trouve encore. Je lui ai rendu visite une fois, après les Fêtes. Il n'est venu me voir qu'une fois, lors de sa première sortie. Depuis, à sa demande, nous ne communiquons plus ensemble. Ses thérapeutes le lui ont recommandé. Notre histoire commune, l'ambiguïté de notre relation, l'écart de trente ans qui nous sépare et la nécessité pour lui de développer son autonomie, de recouvrer son estime personnelle et sa confiance en lui, tout cela justifie qu'il prenne ses distances pour mieux atteindre ses objectifs de rétablissement. Je n'ai opposé aucune résistance, fermement convaincu qu'il vaut mieux laisser David suivre sa thérapie dans les meilleures conditions possibles, sans que j'intervienne.

Ce cher David. J'entends le respecter dans son désir de se rétablir, même si je m'ennuie de lui parfois. J'ai tellement été comblé de dividendes depuis que j'ai cessé de consommer que je souhaiterais lui en remettre la moitié pour qu'il puisse bénéficier de sa nouvelle sobriété. J'espère qu'il finira par croire en lui autant que je crois en lui. Brillant et talentueux, débordant d'énergie et doté d'un potentiel hors du commun, il a tout pour réussir.

À condition que… Et ça, il ne le sait que trop bien.

CHAPITRE 12

Le temps de le dire

Le 10 juillet 2002, profondément écœuré de la drogue et de moi-même, envahi par la peur de mourir, j'ai mis fin à ma consommation de cocaïne. Depuis, je n'y ai plus retouché. Comme dirait l'autre, je touche du bois ! En fait, j'avais surtout atteint le fond du gouffre. Parfaitement conscient que je ne serais jamais à l'abri d'une rechute – le passé en disait long – et que je devrais asseoir ma nouvelle sobriété sur des bases solides, j'eus l'idée de témoigner publiquement de ma vie de toxicomane. En fait, j'y réfléchissais depuis fort longtemps. D'une thérapie à l'autre, je prenais conscience du pouvoir et du rôle de la parole dans le processus de rétablissement. J'envisageais la possibilité de m'ouvrir et de partager mon expérience. Il fallait cependant que je m'avance en ayant l'intime conviction d'agir de façon responsable. En effet, je m'imaginais assez mal prendre une telle initiative sans joindre le geste à la parole, sans vivre en conformité avec le message que j'allais rendre. Comme pour chaque décision que je prends maintenant, je me donnai du temps.

Je profitai donc des premiers jours et des premières semaines pour refaire mes forces physiques, mentales, et morales. Cela prend un certain temps avant d'être désintoxiqué, de retrouver ses esprits et de mettre un pied devant l'autre. On a la nette impression de flotter encore dans la brume et le brouillard. Les consignes sont simples : dormir, manger, marcher. Et recommencer le lendemain. En se méfiant des tentations, car s'il est vrai que la dépendance psychologique dure plus longtemps, la dépendance physique nécessite tout de même quelques bonnes journées d'efforts parce que le système en redemande. Et puis, il faut encaisser des états dépressifs particulièrement vifs qui, lorsqu'ils ne sont pas bien traités, peuvent conduire à une dépression majeure.

Après deux ou trois semaines de ce régime de récupération, encouragé par ma détermination et ma persévérance, j'eus enfin le sentiment d'avoir brisé mon cycle de rechutes. En matière de toxicomanie, les étapes du rétablissement sont généralement fixées à l'aide de quelques repères. *Grosso modo*, la première semaine permet à l'individu d'effectuer son sevrage physique, les deux suivantes le placent dans un confort relatif, puis commence alors le travail de consolidation de l'abstinence qui peut durer jusqu'à trois mois. À partir de là, l'objectif consiste à se donner un mode de vie qui intègre tous les acquis thérapeutiques ; pour éviter de rechuter, bien sûr, mais surtout pour réapprendre à fonctionner sur tous les plans, les mots clés du traitement étant prudence et patience.

À vrai dire, je traversai les premières étapes plutôt facilement. Ayant le privilège de partager une grande terrasse avec les propriétaires de l'immeuble où j'habitais, je coulai des heures apaisantes sous le chaud soleil de cet été 2002, mettant quelques couleurs de bien-être sur le teint plutôt cadavérique dont j'avais hérité au cours de ma longue rechute de treize mois. Passablement sclérosé après tant d'épuisement, je commençai par reprendre tranquillement contact avec ce qui m'environnait en faisant de belles et longues marches. C'est ainsi que je pus redécouvrir le quartier si agréable du Plateau Mont-Royal que je me mis à apprécier plus que jamais auparavant.

Au début, et cela dura un bon mois, je pris l'habitude de me rendre chaque matin à la pharmacie Jean Coutu, coin Saint-Laurent et avenue des Pins. Pourquoi ? Tout simplement pour m'y peser ! Sans blague, je trouvais là une façon de m'encourager en mesurant jour après jour la progression de mon poids. Je partais d'un mince 125 livres, il me fallait attacher ma ceinture au deuxième ou troisième trou. Je flottais littéralement dans mon pantalon. À la pharmacie, c'est un peu comme si le pèse-personne électronique me remettait mon bulletin quotidien d'appréciation ; et j'avais plaisir à accumuler ces bouts de papier qui témoignaient de mon évolution ! Je les collectionnai jusqu'à ce que j'atteigne 135 livres : tout un exploit ! Puis-je vous confier que je fais maintenant osciller la balance à 155, ce qui, pour une caille comme moi de 5 pieds, 6 pouces, constitue un très sérieux cas d'obésité naissante ! À un point tel que je ne porte plus de ceinture. Bon, d'accord, il y a pire !

Un de ces matins où je revenais chez moi, début août, déambulant sur la belle rue Laval, admirant les superbes devantures des maisons, naquit en moi l'idée de développer un nouveau projet touristique sur le Plateau : des visites guidées… en tramway. En vrai toxicomane, impulsif et fébrile, je rentrai chez moi pour mettre sur papier les premiers éléments de mon concept. Je m'installai à mon ordinateur et visitai plusieurs sites sur Internet pour me familiariser avec le sujet. Plus j'avançais, plus je m'emballais. Je recueillis le maximum d'informations et entrepris des démarches auprès des intervenants du milieu. J'identifiai les concurrents pour m'assurer de trouver ma niche. Je reprenais confiance en moi, mon estime personnelle remontait.

J'eus le bonheur d'associer des étudiantes en tourisme à mon projet. Nous eûmes des réunions stimulantes où elles s'investirent consciencieusement pour m'aider à préparer un bon plan d'affaires. Puis, je m'inscrivis à plusieurs programmes d'aide technique et financière, à commencer par les organismes bien au fait du développement local.

Mais il me manquait encore l'élément central de mon concept : le tramway. Bien sûr, je ne pensais pas aux trains électriques de la belle époque, mais je cherchais à dénicher un produit original. J'aboutis à une bonne quinzaine de compagnies, malheureusement toutes américaines. Après m'être renseigné, je trouvai un tramway qui réunissait les conditions gagnantes. Hélas, après quelques semaines de négociation avec l'entreprise, j'appris qu'elle ne détenait pas le certificat l'autorisant à exporter ce tramway au Canada. Et c'est ainsi qu'après deux mois d'efforts soutenus, je dus fermer les livres et passer à autre chose.

Me vint alors le goût d'écrire des textes d'opinion sur la politique. L'automne s'ouvrait sur une situation particulièrement excitante : l'Action démocratique du Québec de Mario Dumont trônait au sommet des sondages, suivie de loin par le Parti libéral de Jean Charest et, d'encore plus loin, par le Parti québécois de Bernard Landry. Cela m'inspira quelques analyses corsées, sept ou huit, où je ne ménageai aucune des trois formations politiques. Nos grands quotidiens, *Le Soleil*, *Le Devoir*, et *La Presse*, me firent l'honneur de m'accueillir dans leurs pages et je leur en suis infiniment reconnaissant. Pourquoi ? Parce que j'ai pu ainsi retrouver une des choses qui se perd très vite quand on est plongé dans la toxicomanie et qu'on ne reconquiert que graduellement, la crédibilité. Le fait de participer de nouveau au débat public, en toute liberté, contribuait à remonter encore d'un cran ma confiance en moi et mon estime personnelle.

Nous étions à la fin d'octobre. Mes textes avaient été publiés dans les journaux, mon projet de tramway touristique s'était dégonflé. J'avais une quinzaine de semaines d'abstinence à mon crédit, je me réjouissais du chemin parcouru et ne souhaitais surtout pas m'arrêter là. C'est alors que je me rappelai avoir écrit dans les jours qui avaient suivi mon *overdose* du 1er juillet 1996. Je retrouvai mes textes et constatai que mes réflexions d'alors demeuraient tout aussi pertinentes aujourd'hui. J'en retranchai certains passages pour les remplacer par un bilan plus complet qui prenait en compte mes six dernières années de vie. Cela formait un texte de trois pages que j'intitulai : « Lettre intime aux toxicomanes : retrouver la liberté et la dignité ». Que pouvais-je faire de ça : le publier ? Confesser ouvertement ma descente aux enfers et ma lente remontée ? Me mettre à nu sur la place publique ? Toute une décision à prendre.

C'est un événement qui approchait, la Semaine nationale de prévention de la toxicomanie, qui me fit prendre ma décision. Je me disais que ce serait l'occasion rêvée d'y participer en témoignant de ma propre expérience. Je me souvenais de l'heureuse influence qu'avaient eue sur moi les aveux touchants de personnalités du milieu politique et artistique lorsqu'elles avaient accepté de partager leur vécu pour en aider d'autres à garder espoir. Je vis là une belle occasion de me rendre utile et de donner un sens à ma vie. J'avais trois niveaux de motivations.

D'abord, je le ferais pour moi-même, pour franchir une autre étape dans mon rétablissement, pour consolider mon abstinence, pour prendre les gens à témoin et m'en faire des anges gardiens. Ensuite, je ferais ce geste pour aider et encourager d'autres personnes aux prises avec des problèmes de dépendance, en leur transmettant un message d'espoir. Enfin, je contribuerais peut-être à sensibiliser la population à cette réalité qui continue de faire des ravages, en particulier chez les jeunes. Convaincu du bien-fondé de mes motivations, je pris une grande inspiration et décidai de foncer, confiant de faire le bon choix.

Pour concrétiser ce projet, il me fallait la collaboration des médias : ils devaient accepter de publier ma « Lettre intime aux toxicomanes » dans laquelle je résumais, en mille mots, le message d'espoir que je destinais à mes semblables. Dans un premier temps, je m'adressai aux quotidiens qui m'avaient accueilli dans les semaines précédentes. *Le Soleil* et *Le Devoir* acceptèrent de la publier. Comme mon texte s'en tenait à l'essentiel, je me disais qu'une entrevue plus en profondeur donnerait sans doute un portrait plus complet de la réalité. Je communiquai donc avec le *Journal de Montréal* et le *Journal de Québec* qui réagirent rapidement en m'invitant à rencontrer un de leurs journalistes. Du côté des médias électroniques, j'essayai d'identifier des émissions et des animateurs qui se montreraient réceptifs à mon témoignage et qui le traiteraient avec respect. La programmation de nos grands réseaux offre plusieurs créneaux pour ce type de démarche, mais je devais me limiter pour ne pas devenir trop répétitif. Je m'arrêtai donc à quelques personnes que j'estimais particulièrement pour leur humanisme. Je me félicite de mes choix puisque, dès le premier contact, j'ai perçu de leur part un intérêt sincère.

Je fixai le jour J au week-end de la mi-novembre qui précédait la Semaine nationale de prévention de la toxicomanie. Un peu nerveux, je m'efforçai de trouver un état de confiance qui puisse me conserver ma sérénité. Une fois la décision prise, je me préparai tout simplement à être vrai, authentique, et transparent, à rester simple, à être moi-même. Plus j'approchais du but, plus je mesurais l'ampleur qu'allait prendre la couverture médiatique : d'autres stations de radio et de télévision, mises au fait de ce qui s'en venait, me proposèrent aussi des entrevues. En être compulsif, voire excessif, je n'en refusai aucune. Et je dus me préparer à un programme chargé qui me ferait vivre beaucoup d'émotions.

Les samedi 15, dimanche 16, lundi 17, et mardi 18 novembre 2002 resteront gravés dans ma mémoire comme une des grandes étapes de mon rétablissement. Tout se déroula comme si une bonne étoile – peut-être celle de mes parents vers lesquels je me tournais fréquemment –, veillait sur moi. Tous les journalistes et animateurs firent preuve de professionnalisme et se montrèrent très humains. Je me souviendrai de leur grand respect, de leur sobriété et de leur humanisme. Par leur attitude, ils m'ont permis de m'ouvrir et de livrer mon message en toute confiance. J'ai terminé chaque entrevue en ayant le sentiment d'un accomplissement personnel qui allait sceller mon engagement à ne plus revenir en arrière et à mettre fin, une fois pour toutes, à des années de misère.

J'avoue candidement avoir été renversé – et vivement réjoui – par l'ampleur de cette couverture médiatique. Bon, il est vrai que j'en étais grandement responsable, car je n'avais pas ménagé mes démarches, en bon toxicomane compulsif et excessif… et que j'étais bien servi par ma formation en communication. Mais, franchement, je n'avais pas soupçonné tout l'intérêt que susciterait un témoignage aussi intime. D'avoir pu contribuer à la discussion publique sur un enjeu de cette importance me rend heureux, car je sais à quel point les tabous et les préjugés sont encore répandus dans la société. Pourtant, qui ne connaît pas une personne de son entourage qui est aux prises avec une ou plusieurs dépendances ? C'est dans le but d'apporter mon aide que j'ai fait appel à l'ouverture d'esprit, à la compréhension, et à la tolérance des gens, et, en ce sens, je crois sincèrement avoir atteint mon objectif.

Fier et heureux de toute cette opération, pleinement satisfait et totalement en paix avec moi-même, je devais maintenant décompresser et reprendre mon petit train-train quotidien. Quatre jours complets à l'avant-scène, sous les feux de la rampe, m'avaient ramené dans une vie trépidante dont je devais me méfier. Bien sûr, l'être narcissique que je suis s'était miré à satiété dans le miroir des médias, je le reconnais. Mais je savais qu'une fois passé ce coup d'éclat d'un ex-ministre qui se confesse, la vie reprendrait son cours normal. Or, il n'en fut rien. Pendant deux bonnes semaines, le téléphone ne dérougit pas, les courriels se multiplièrent et des offres d'emploi se présentèrent. C'était trop beau pour être vrai, mais je n'allais pas m'en plaindre.

Ce que je percevais s'apparentait à un merveilleux courant de sympathie. Bien loin de me juger ou de me condamner, les gens me manifestèrent leur appui et leur soutien en me félicitant pour mon courage et mon humilité, ma franchise et mon honnêteté. Plusieurs me remerciaient parce que je les avais aidés à mieux saisir et à mieux comprendre cette maladie de la dépendance. D'autres me confiaient leurs propres secrets et leurs propres souffrances : des parents me parlaient de leurs enfants et, aussi, des enfants de leurs parents. Ces quelques centaines de témoignages que je reçus comme des marques d'affection, je m'en suis servi pour me tourner vers les autres et les encourager. J'ai développé une relation plus soutenue avec quelques-uns d'entre eux qui m'appelaient à l'aide et à qui j'ai tenté d'apporter du réconfort. Cela m'a permis de prendre vraiment conscience de l'importance du partage, dans un esprit d'empathie et de compassion. Et de prendre conscience que les gens ont besoin de parler, et surtout, d'être écoutés. Je m'y appliquais, reconnaissant à l'endroit de ces hommes et de ces femmes et les félicitant de s'être ouverts à moi en toute confiance. Quel beau cadeau pour m'aider à consolider une abstinence qui n'en était tout juste qu'à quatre mois !

Jusqu'à la période des Fêtes, je ne connus aucun répit et n'eus finalement que très peu de temps pour répondre aux nombreux messages d'encouragement que j'avais reçus. Cela prit d'abord la forme de deux offres d'emploi, à la radio et à la télévision. La première me parvint du directeur des programmes à CKAC, qui me demandait de remplacer le *morning man* de CHRC, à Québec, au cours des deux premières semaines de décembre. Je jubilais, je retournais à la station radiophonique qui m'avait engagé au soir même de ma défaite électorale de 1985, exactement 17 ans plus tôt ! C'est tout de même incroyable ce que la vie peut nous réserver comme surprises ! J'ai retrouvé là quelques anciens avec qui j'avais travaillé à l'époque, mais qui ne formaient plus qu'une toute petite équipe, puisque la station ne trônait plus au sommet des cotes d'écoute. Qu'à cela ne tienne, j'étais heureux de me retrouver derrière un micro et de me refaire la main, bien conscient que j'arrivais de loin, ma dernière prestation à la radio remontant à un court séjour de quatre mois à CKVL durant l'été 1997.

Pendant que j'étais à Québec pour m'acquitter de mon contrat me parvint une autre offre. Elle venait de TQS où on me proposait de remplacer l'animateur du midi pour la troisième semaine de décembre. Encore là, je retrouvai plusieurs membres de l'équipe avec laquelle j'avais travaillé au début des années 90. Même enthousiasme et même dynamisme. Je me considérais vraiment privilégié de renouer avec des gens que j'avais perdus de vue. En fait, j'éprouvai un immense plaisir à participer au débat public, émettre mes opinions, et… faire un peu d'argent! Eh oui, il me fallait renflouer un coffre plutôt dégarni. Au total, ces trois semaines de travail me permirent de refaire surface et de retrouver une certaine crédibilité, ce qui, en si peu de temps, me redonnait beaucoup d'espoir.

La plus formidable retombée se traduisit par des invitations d'enseignants; ils me proposaient des rencontres avec leurs élèves du secondaire. Il s'agissait de discuter avec les jeunes des drogues, de leurs effets, et de l'attitude à développer face à cette réalité omniprésente dans leur vie. Je profitai donc de mon séjour à Québec pour me rendre dans deux écoles de milieux très différents et tentai d'établir la meilleure communication possible avec des adolescents, des garçons et des filles dont l'âge variait entre 13 et 17 ans. Ne sachant pas trop comment j'allais aborder le sujet avec eux, il me vint à l'esprit de leur poser une question:

— Quelle est la personne la plus importante pour vous?

Ils ne l'attendaient pas, celle-là, ils ne l'avaient pas vue venir… Je m'adressai à un premier jeune:

— Toi?

— Mes parents.

Et à un autre:

— Et toi?

— Mes parents.

— Puis toi?

— Ma blonde.

— Toi ?

— Ma mère.

Et ainsi de suite… Quand j'eus fait le tour de la classe, je leur demandai s'ils n'avaient pas remarqué quelque chose de particulier. On me soumit toutes sortes de réponses, comme le fait que la plupart de ceux que j'avais interrogés parlaient de leurs parents ou de leurs proches. Je leur fis alors remarquer que personne n'avait répondu : « Moi ».

Mon objectif était de leur faire prendre conscience de l'importance de s'occuper de soi pour apprendre à se respecter et à s'aimer, sachant que ce grand défi personnel, s'il est bien relevé, peut contribuer à leur bien-être intérieur. Je leur fis remarquer que, dans ma propre démarche, mon mal d'être et mon mal de vivre expliquaient en grande partie les déboires que j'avais connus. Je notai qu'ils prêtaient une oreille attentive à mes propos, n'hésitant pas à m'interroger pour obtenir le maximum d'informations sur cette réalité à laquelle ils doivent souvent faire face. Certains, avec beaucoup d'humilité et de courage, osèrent parler devant leurs camarades de leurs propres expériences et de leurs propres difficultés. Cela donna lieu à des témoignages touchants qui me firent mieux comprendre l'importance d'aller partager mon propre vécu avec des jeunes en recherche d'identité.

D'une classe à l'autre, je menai un petit sondage pour savoir combien d'ados consommaient de la drogue. Parmi les quelque 500 ou 600 élèves que j'ai rencontrés, une bonne moitié d'entre eux avouèrent avoir essayé le cannabis quand ce n'était pas le buvard, les champignons magiques, le PCP, et même la cocaïne et l'héroïne.

On ne se trompe pas quand on considère les jeunes comme une cible prioritaire à informer et à sensibiliser. Bien loin de leur reprocher leur consommation, j'ai cherché à dédramatiser le phénomène sans pour autant le banaliser. Je connais fort peu d'adolescents qui n'expérimentent pas l'une ou l'autre des substances psychotropes qui leur sont proposées. Il n'y a pas lieu de paniquer, mais il faut créer un climat qui favorise la communication et les échanges, sans juger ni condamner. D'ailleurs, à la fin de ces rencontres, j'incitais les jeunes à repérer une personne avec qui ils se sentiraient suffisamment en confiance pour parler ouvertement, en toute franchise, de leurs doutes et de leurs hésitations. En leur recommandant de ne pas choisir leur *pusher* comme confident !

Arriva enfin la période des Fêtes que j'accueillis avec beaucoup de bonheur ! Pendant un bon six semaines, je venais de passer par toute la gamme des émotions : il était temps que le train entre en gare. J'avais le sentiment d'avoir flotté sur un nuage rose et d'avoir carburé à l'adrénaline depuis ma sortie publique. Empli de cette belle fatigue, je devais m'accorder un peu de repos pour enfin retomber sur le plancher des vaches. Les Fêtes me permirent de renouer avec mes proches les plus chers : les membres de ma famille. Et, fait plutôt rare, tout le monde y était : le clan Bertrand, plus fou que jamais, célébra pendant deux grosses semaines et dans la plus belle bonne humeur ! Je décidai même, ô surprise, de les inviter tous chez moi, dans mon nouveau loft, au cœur du Plateau, pour la toute première fois, le jour de Noël. Mais, ô malheur, je fus le seul à ne pas fêter, victime de malaises sans doute de nature psychosomatique, probablement dus à l'accumulation de stress des semaines précédentes.

Je me repris le dimanche soir suivant, puisque je me fis le plaisir de les recevoir dans un restaurant espagnol du quartier. Nous nous y sommes amusés et repus dans le délirant humour bon enfant dont nous gardons la recette. J'inaugurai les festivités par un bref message :

— Vous êtes mes invités. Pour vous donner une idée de ce qu'était mon ancienne vie, dites-vous simplement que le repas de ce soir représente à peu près l'équivalent du coût d'une seule rechute. Alors, santé !

Je ne me rappelais que trop ce 22 juin de l'an 2000, lorsque mes frères et sœurs m'avaient demandé de les rejoindre dans un restaurant vietnamien de la rue Duluth pour célébrer mon anniversaire de naissance. Durant les vingt-quatre heures précédentes, j'avais consommé de la cocaïne, et à une heure du rendez-vous, je m'étais rapidement préparé à les retrouver. Mais quand je me présentai devant eux, j'étais si magané qu'après une toute petite demi-heure, une fois les cadeaux remis, je m'excusai et m'éclipsai, prétextant la fatigue et l'épuisement. Sitôt rentré chez moi, j'appelai mon vendeur et poursuivis ma rechute seul, pendant encore une douzaine d'heures. Vraiment malade. Et surtout très honteux d'avoir ainsi fait un pied de nez à ma famille qui m'avait témoigné tant d'égards en toutes circonstances. Trois jours plus tard, j'entrai en thérapie. Et pour cause.

Avant les Fêtes, j'avais reçu plusieurs propositions d'émissions de radio et de télévision pour la saison 2003-2004, donc, pour la nouvelle programmation d'automne et d'hiver. Depuis, elles ont toutes fondu comme neige au soleil. Toutes. Pourtant, le fait qu'aucun de ces projets ne se soit concrétisé ne m'a pas dérouté : ce sont des situations auxquelles il faut s'attendre dans ce milieu. Par contre, ce qui m'a déçu et même un peu froissé, ce fut l'attitude désinvolte et peu respectueuse de gens qui m'avaient approché et qui n'ont pas eu, pour la plupart, l'élémentaire décence, délicatesse, ou courtoisie, de me tenir informé de leur changement de cap. Comme si je n'avais pas été en mesure de comprendre leur décision. Mais quelques sages personnes m'avaient bien prévenu de ne pas me créer d'attentes, au risque d'être profondément déçu :

— Ce milieu des médias, Jean-François, c'est la jungle ; c'est peut-être même pire que la politique ! La concurrence et la compétition y sont tellement fortes, les couteaux y volent tellement bas, qu'on y voit malheureusement peu de qualité dans les relations humaines.

Je fais une exception que je veux nommer : Michel Tremblay, directeur de la programmation à CKAC. Après les Fêtes, vers la fin janvier, je demandai à le rencontrer. Quelques jours plus tard, dans un café, dans un climat de belle franchise, sans détours, il m'a donné l'heure juste, n'hésitant pas à me dépeindre honnêtement le milieu des médias, avec beaucoup de tact. Je lui suis reconnaissant de m'avoir grandement aidé à mieux réfléchir à mon avenir dans le monde des communications. Je sortis de là non seulement plus serein, plus dégagé, mais surtout comblé d'avoir discuté avec un homme vrai et intègre.

Quelques jours après ma sortie publique de la mi-novembre, je reçois un coup de fil :

— Monsieur Bertrand, Pierre Bourdon des Éditions de l'Homme.

— Bonjour, monsieur.

— Écoutez, nous avons entendu votre témoignage à la télévision, et nous serions intéressés à vous rencontrer pour vous offrir d'écrire un livre sur votre histoire.

— Ah oui ?

— Nous croyons que vous avez suscité beaucoup d'attentes et que plusieurs personnes voudraient sans doute en connaître davantage sur votre expérience de toxicomane.

— Eh bien, je ne dis pas non. Mais encore faut-il que je prenne conscience de ce que ça représente. Je n'ai écrit jusqu'à maintenant que quelques textes de quelques pages seulement, la plupart du temps pour les journaux.

— Je comprends, mais ne vous inquiétez pas, nous vous entourerons d'une bonne équipe. Peut-on se voir la semaine prochaine ?

— Bon, très bien.

Je ne suis pas un écrivain. Je suis bien plus un verbo-moteur qu'un scripto-moteur, j'ai le syndrome de la page blanche. Et puis, noircir deux pages, c'est bien beau, mais deux cents ! Pourtant, ce n'est pas faute de n'avoir pas été encouragé par mes proches qui m'ont toujours trouvé une belle plume. Mais voilà, c'est de moi personnellement dont il sera question dans ce livre : mon intimité, ma souffrance, mes blessures. Suis-je prêt à me mettre totalement à nu et à me jeter en pâture à la critique ? Car, je le sais, si je m'investis dans ce projet, je risque de dire des choses provocantes, voire choquantes. Mais justement, n'est-ce pas là le plaisir que j'éprouve maintenant, de pouvoir m'affirmer tel que je suis, sans pudeur, sans retenue, en étant vrai, authentique, et transparent ? Et de laisser aux autres le droit de réagir à leur façon, sans me laisser atteindre par des jugements qui pourraient heurter ma sensibilité ? « Allez Jean-François, courage, et sois toi-même, sans t'occuper des qu'en-dira-t-on. En te rappelant les motivations de ta sortie publique : t'aider, aider tes semblables et aider la population en général à mieux comprendre la réalité humaine de la toxicomanie. »

Une semaine plus tard, j'étais aux Éditions de l'Homme.

— Alors, monsieur Bertrand, me dit Pierre Bourdon, vous avez eu le temps de réfléchir à notre proposition ?

— Oui.

— Et puis ?

— Euh… je signe où ?

CHAPITRE 13

Homo novus

Après vingt ans de toxicomanie, de dépendance aux médicaments, à l'alcool et à la cocaïne, de consommation abusive et excessive, après sept thérapies dans cinq centres de traitement entrecoupées de courtes périodes d'abstinence et de fréquentes rechutes, qu'ai-je appris, qu'ai-je acquis, qu'ai-je retenu ? Suis-je différent de ce que j'étais avant ? Ai-je réussi à trouver des réponses à mes questions existentielles ? Suis-je devenu une meilleure personne ? Suis-je maintenant un nouvel homme ?

Un

D'abord, j'assume l'entière responsabilité de mes actes. Bien sûr, de nombreux facteurs expliquent ma déchéance, mais à quoi servirait d'en imputer la faute à la vie, à d'autres ou aux événements ? Cela ne change rien à ma réalité, celle d'un être torturé et tourmenté qui n'a pas trouvé en lui les ressources pour faire face à ses problèmes, à ses difficultés et à ses épreuves autrement qu'en se gelant avec des succédanés de solutions. Émotionnellement fragile, j'ai choisi pour survivre la voie des expédients, bien loin d'imaginer les conséquences dramatiques que trois dépendances allaient entraîner.

J'étais malade. Je souffrais. Mes émotions exerçaient un grand pouvoir sur moi, au point de me faire perdre le contrôle de ma propre vie. De n'avoir pu les maîtriser convenablement m'a précipité dans le gouffre de la toxicomanie, provoquant des troubles de comportement tels que j'ai piétiné mes valeurs personnelles jusqu'à en perdre ma dignité et ma liberté. Quel bonheur de les recouvrer l'une et l'autre ! Et de redevenir fièrement un être humain, capable de doser ses émotions afin qu'elles puissent enrichir mon existence au lieu de la détruire.

Car, au fond de moi, je sais que je suis une bonne personne. Une bien meilleure personne depuis que j'ai appris à mieux me connaître, depuis que je peux m'accepter et m'affirmer tel que je suis. Dans la plus totale transparence. Vrai et authentique. En harmonie avec des valeurs d'abord intériorisées et qui s'extériorisent à présent. Un être pas parfait, loin de là ; mais un être humain dans tout ce que ce mot contient de nuances. Soucieux d'offrir le meilleur de moi-même, en particulier à mes semblables qui sont encore aux prises avec des problèmes de dépendance et qui ont besoin d'être écoutés, accueillis, et compris. Rien n'est plus gratifiant et valorisant que d'aider ces gens qui, souvent abandonnés à eux-mêmes, hurlent leur détresse et leur désespoir. Leur tendre la main me permet de me sentir utile et donne aujourd'hui un sens à ma vie.

Deux

Grâce à ma toxicomanie, j'ai fait le plus beau et le plus long des voyages, celui qui mène de la tête au cœur, celui de la découverte intérieure, celui de la connaissance de soi, celui de la quête d'identité. L'opération s'est avérée difficile et laborieuse, mais, je le sais et je le sens, les résultats sont là, concrets et satisfaisants. Je suis même reconnaissant à cette maladie de m'avoir permis de faire le point et de me remettre en question, sur tous les plans. Combien de témoignages évoquent le fait que c'est souvent en étant soumis à des épreuves que nous pouvons enfin revoir notre façon de vivre, redéfinir nos valeurs et rééquilibrer nos priorités. Dans la terrible souffrance de mes trois dépendances, j'aurai accédé à ces moments intenses.

Je constate que ce n'est pas ce qui m'est arrivé qui est important, mais ce que j'ai fait avec ce qui m'est arrivé. Ainsi en va-t-il de la vie. Pour moi, ce fut la toxicomanie, pour d'autres, ce peut être une séparation, la perte d'un emploi, la mort d'un proche, une faillite personnelle, la maladie. On passe sa vie à faire des deuils, à tourner des pages, à changer de chapitre, à fermer un livre. Tout cela perturbe. Et personne n'est à l'abri des vives émotions que provoquent ces périodes de turbulence.

Je fais quoi de tout ça ? Je fuis ? Je m'évade ? Je me gèle ? La fuite, l'évasion, l'oubli, ce sont les moyens que j'ai utilisés pendant vingt ans pour me dissimuler à moi-même. Avec leurs terribles conséquences. Aujourd'hui, je sais qu'il y a des solutions de rechange infiniment moins dommageables, mais qui demandent une bonne dose de sérénité et beaucoup de courage. Et une certaine sagesse. Eh oui, il faut bien que ça arrive, ça aussi !

Mais je dois rester prudent et vigilant, car je retiens de ma triste expérience que je ne serai jamais à l'abri d'une rechute, car on ne guérit pas de la toxicomanie. Je dois apprendre à composer avec cette réalité et à ne jamais baisser la garde. Je sais aussi que je peux très bien vivre mon abstinence et ma sobriété sans panique, car dans la mesure où j'identifie bien les éléments déclencheurs d'une rechute et que j'utilise le coffre à outils que je me suis donné dans mes thérapies, je pourrai assurément, un jour à la fois, me prémunir contre les tentations qui voudront ramollir ma raison. Et surtout, j'évite maintenant de me retrouver dans un environnement qui me déstabiliserait, en particulier celui des jeunes prostitués drogués. Je ne me rappelle que douloureusement cette rencontre fatale du 13 juin 2001 qui me fit retomber dans cette longue rechute qui ne se termina que treize mois plus tard, le 10 juillet 2002.

Trois

S'il est vrai que le problème est à l'intérieur de soi, il est tout aussi vrai que c'est à l'intérieur de soi que se trouve la solution. Ma démarche de rétablissement m'a mis en face de cette nécessité d'être en contact avec moi-même, de me brancher et de me centrer sur moi, comme tous les toxicomanes doivent le faire. Égoïste ? Égocentrique ? Je ne crois pas. Narcissique ? Profondément. Vous connaissez l'histoire ?

Elle nous vient de la mythologie grecque. « Un jour, les parents de Narcisse allèrent consulter un oracle pour connaître l'avenir de leur fils. L'oracle leur répondit que l'enfant mourrait s'il voyait son visage. Pour éviter ce danger, ils éliminèrent toute trace de miroirs chez eux. Narcisse grandit et toutes les filles étaient amoureuses de lui. Un jour, Narcisse alla à la chasse. Quand il vit une fontaine, il s'arrêta et but. C'est alors qu'il vit son reflet dans l'eau : il se trouva tellement beau qu'il resta fixé à son reflet sans bouger, pendant longtemps. Il y resta si longtemps que, trop faible pour se retenir, il tomba dans l'eau et se noya. Sa beauté lui avait coûté la vie… »

Dans son livre *Trois essais sur la théorie de la sexualité,* ce bon vieux Freud utilise pour la première fois le terme de « narcissisme » qu'il met en relation avec l'homosexualité. L'homme, en donnant du plaisir à l'homme, se le donne à lui-même. Il s'agirait d'un retour à l'amour de soi, inévitable au cours du développement, mais qui se fixerait de façon prolongée dans le comportement de certaines personnes. Il semblerait que je sois de ce type d'homme ! Est-ce grave ? Mais non, rassurez-vous ! Les scientifiques indiquent même que c'est une étape nécessaire dans le développement de la libido et que l'amour de soi s'accompagne aussi de son corrélat, l'amour de l'autre. Est-ce à dire qu'il n'y aurait pas d'altruisme sans égoïsme ? Vous me suivez ?

Pour moi, comme pour tout toxicomane, aller à la rencontre des autres suppose d'abord que je doive aller à ma propre rencontre. Je ne peux donner ce que je n'ai pas. Je ne peux aimer si je ne m'aime pas. Je ne peux pas vivre avec les autres si je ne vis pas bien avec moi-même. Tout le reste, c'est de la dépendance affective et ça ne débouche sur aucune relation bienfaisante. J'ai d'ailleurs remarqué, au cours de toutes les thérapies que j'ai suivies, à quel point les toxicomanes manquent d'autonomie quand il s'agit de leurs sentiments et à quel point ils ne s'aiment pas. Au-delà de toutes les substances consommées, voilà la pire des dépendances : la dépendance affective. D'où le grand défi d'apprendre à s'aimer. J'y travaille encore. Encore et encore.

Quatre

J'ai appris que j'étais envahi par diverses peurs. Comme tout le monde. Peur de décevoir, peur de me tromper, peur de ne pas réussir, peur d'être jugé, peur d'être rejeté, peur de ne pas être aimé, et ainsi de suite. Ces foutues peurs qui illustraient si bien ma piètre estime de moi-même et mon manque de confiance ! Avec ce réflexe maladif de m'évaluer à partir de ce que les autres disent ou font, alors que j'apprends maintenant à m'affirmer tel que je suis, en me donnant le droit de me tromper. Infiniment moins paralysé par les réactions de mon environnement, je constate à quel point l'expression de mes idées et de mes sentiments s'est considérablement affranchie de tout esprit calculateur fondé sur la peur du « Que vont-ils penser ? Que vont-ils dire ? Que vont-ils faire ? »

Quelle liberté que celle de se révéler tel que l'on est, sans masque, sans artifice ! En me livrant ouvertement, en me mettant à nu, en ouvrant mon cœur pour y laisser entrer les autres, j'éprouve une grande satisfaction. Et même si j'admets que mes propos vont quelquefois surprendre et choquer, je préfère dire le fond de ma pensée en respectant le droit du lecteur ou de l'auditeur de s'en offusquer, de s'en dissocier et de me désapprouver. J'ai appris à laisser aux autres le soin de réagir comme bon leur semble, mais à ne pas me censurer de peur de subir leurs foudres. Dans mes expériences récentes de communication, que ce soit par l'écriture ou par la parole, quel bonheur j'ai éprouvé de recevoir des messages d'appui qui évoquaient le courage, la sincérité, et l'honnêteté de mes propos ! Voilà un beau cadeau que d'avoir surmonté mes peurs en les apprivoisant, car il s'agit pleinement d'une grande victoire pour ma liberté.

Cinq

Je comprends mieux pourquoi je suis devenu toxicomane au beau milieu de ma carrière politique, au moment où je prenais conscience de la profondeur de ma crise d'identité et de mon ambivalence. Je vois comment s'est développé ce personnage public, dans l'ignorance ou la négation de l'homme qui lui donnait vie, et qui se sentait de plus en plus à l'étroit, incapable de réconcilier l'un et l'autre, ou même, de choisir entre l'un et l'autre. Ce face-à-face entre lui et moi reproduisait mon déchirement entre ma personnalité maternelle et ma personnalité paternelle. Cette fois, je ne pus éviter l'affrontement et ce fut le choc. À défaut de choisir, j'ai préféré éviter le combat et trouver un semblant de repos dans mes paradis artificiels, pensant ainsi obtenir un soulagement : ce faisant, je n'ai fait que camoufler mon impuissance et anesthésier ma douleur.

À moi de savoir maintenant lequel de ces deux hommes fera le reste du chemin, en me réconciliant avec mon héritage familial. Ambivalent, déchiré entre mon modèle mère et mon modèle père pendant tant d'années, je crois avoir maintenant trouvé mon identité, celle d'un homme simple, vrai, et transparent. Qui n'a plus besoin de grandiloquence et de spectaculaire pour exister et pour se faire aimer. Loin de l'avant-scène et des feux de la rampe. Adepte du minimalisme et d'une vie empreinte de simplicité. Libéré de mon mal d'être parce que davantage en contact avec ma réalité intime et profonde, mon vrai « moi ». Enfin bien dans ma peau !

Six

J'ai pris vraiment toute la mesure d'une réalité très simple, mais combien riche de signification : je suis unique. Tout comme vous, d'ailleurs. Et le constater relève tellement de l'évidence qu'on ne s'y arrête jamais assez pour saisir toute la beauté de l'existence… et sa brièveté. Je sais que dans l'histoire de l'univers, précédé par des milliards d'êtres humains à travers des millions d'années, et assurément suivi d'autant d'années et d'être humains, il n'y aura eu qu'un seul Jean-François Bertrand. Et le fait de me savoir unique me fait réfléchir sur le sens de la vie, sur le sens que doit prendre mon trop bref passage sur terre. Cela m'aide à relativiser une foule de choses qui, autrement, prendraient une place démesurée. Et ça me frappe de plus en plus de regarder vivre les gens qui se comportent comme s'ils étaient de toute éternité, comme s'ils n'allaient jamais mourir.

Le fait de se considérer comme unique nous révèle autant notre grandeur que notre fragilité. Ce sentiment de contribuer à l'évolution de notre planète en nous investissant d'une mission personnelle pour faire progresser l'humanité n'est-il pas extraordinaire ? Quel bonheur que d'apporter sa touche et sa couleur, son génie et sa folie, à l'édification d'un monde meilleur ! On dira que je divague alors que, au contraire, je tente de donner un sens à une vie qui autrement n'en aurait pas. Et puis, ultime étape, celle du bilan que je dresserai de mon trop bref passage. Chaque soir, je me pose la question : aujourd'hui, ai-je agi en accord avec mes valeurs, ai-je donné le meilleur de moi-même, ai-je été bon avec les autres, ai-je fait du bien autour de moi, me suis-je intéressé à mes proches, les gens ont-ils grandi à mon contact ? En répondant par l'affirmative, je réentends le message de mon père : « Je me coucherai la conscience en paix et serai capable demain de me regarder dans le miroir et de m'aimer. »

Sept

Je me reconnais rebelle, souvent révolté, marginal, quelquefois délinquant, critique, et surtout, anticonformiste. Je répudie la vie de fou que nous impose la société du perfectionnisme, de la performance et de la productivité. Je honnis l'artificiel, le superficiel, et l'éphémère des mirages de la consommation à outrance. Je proscris les valeurs dévalorisantes du matérialisme. Je rejette la dictature d'exclusion des bien-pensants. Je refuse que le monde extérieur m'impose un mode de vie contraire à ce qu'il y a de noble et de grand dans l'être humain. Je suis un beau et un bon *bum*, et je m'aime comme ça !

De plus, je me rends bien compte que j'aime le plaisir au point d'en abuser. J'ai un grand besoin d'adrénaline et je recherche les sensations fortes. Pour moi, la normalité est synonyme de monotonie. Et pour fuir la platitude et la banalité du train-train quotidien, je me suis enfui dans des *high* et des *buzz* étourdissants. En ce sens, la cocaïne, véritable adrénaline du plaisir, fut un exutoire incroyable pour atteindre des sommets de jouissance. J'entre maintenant en phase de rééducation et de réapprentissage, en privilégiant des joies et des plaisirs sains et simples.

Huit

J'ai aussi appris que mon développement affectif s'est arrêté à mon adolescence. En cette matière, je ne suis jamais parvenu à la maturité de l'adulte. Ce constat m'a grandement aidé à mieux comprendre le blocage consécutif au rejet dont j'ai été victime lorsque je me suis ouvert à ma mère de mon attirance pour des garçons du collège. Encore une fois, je refuse de tomber dans l'apitoiement et le ressentiment, mais je vois clairement que quelque chose d'important s'est produit à cette époque, et cela explique, en grande partie, mes comportements subséquents. Dans les circonstances, j'accepte et j'assume mon ambivalence sexuelle, sans prétendre m'y sentir confortable. Et ce n'est pas une question de vouloir trouver mon camp ni de choisir définitivement entre les hommes et les femmes. Mais je ne puis que constater les faits : j'ai éprouvé des sentiments sincères, et pour les uns et pour les autres. Le nier serait me nier moi-même.

Le sachant, cela me rassure sur mon attitude actuelle dans mes relations avec des jeunes : je n'éprouve aucune culpabilité à me rapprocher d'eux, d'autant que je me découvre une qualité de communication positive et constructive avec la jeunesse d'aujourd'hui. Ainsi, j'entretiens avec mes neveux et nièces des rapports agréables et enrichissants, qui sont partagés. À cet égard, je me retrouve dans l'analyse que fait de lui-même le critique Robert Lévesque : « Je suis, je vous l'avoue, indécrottablement jeune. J'ai 20 ans pour la vie. C'est comme ça. Du moins, c'est *encore* comme ça, car jusqu'ici tout va bien et, si la tendance se maintient, je vais probablement mourir mineur, on me demandera mes papiers d'identité avant de crever, question de savoir si j'ai l'âge pour entrer… »

J'accepte ma condition en sachant fort bien qu'il est maintenant inutile de m'illusionner sur ma capacité de vivre en couple, que ce soit avec un homme ou une femme. J'ai suffisamment souffert et fait souffrir pour me résigner à adopter un mode de vie qui me convient mieux, à condition, bien sûr, de ne pas me couper des amitiés indispensables à mon équilibre affectif. Bien plus, dans ma solitude, j'apprends à mieux vivre en restant en contact avec moi-même. Et puis, je l'admets, j'ai un immense besoin de liberté, d'oxygène et d'espace vital. En couple, j'étouffe. C'est probablement ce que ma phobie du bruit aura cherché à me révéler sur moi-même : j'ai besoin de respecter mes limites et de m'assumer dans ma solitude. Sauf que ma sexualité des dernières années, sous l'effet de la cocaïne, m'oblige à prendre du recul pour d'abord me désintoxiquer des fantasmes destructeurs que j'ai entretenus, puis redécouvrir le sens des vrais rapports, des vraies relations, surtout, dans un premier temps, dans des amitiés saines et solides.

Neuf

J'ai fait la paix avec moi-même et avec mon passé. Je me suis pardonné tous mes écarts de comportement à l'endroit de ceux que j'ai blessés, à qui j'ai manqué de respect, à qui j'ai menti, et que j'ai manipulés. En cherchant à anesthésier ma souffrance, j'ai souffert bien plus encore, et j'en ai fait souffrir d'autres qui ne le méritaient pas. Durant mes années de toxicomanie, personne n'a grandi à mon contact. Mais maintenant, durant mes prochaines années d'abstinence et de sobriété, qui s'approchera de moi grandira avec moi, et moi, avec lui. Ce sera ma façon de réparer mes torts et de donner un sens à ma vie.

Je me traite maintenant avec plus de douceur. J'ai cessé de me battre contre moi et contre la vie. J'accepte de ne pas tout comprendre ou même de ne pas chercher à comprendre : que d'anxiété et d'angoisse ainsi épargnées au profit d'une plus grande tranquillité d'esprit ! Quel repos que de cesser de s'astreindre à la recherche incessante du « pourquoi » de tout et de rien ! Quelle paix intérieure je ressens à simplement accueillir la vie, à bénir les gens et les événements qu'elle met sur ma route ! J'évite ainsi de passer à côté de l'essentiel qui est là, tout près de moi, à portée de touchers et de regards.

La recherche de l'équilibre est devenue une priorité. Je suis un être impulsif, compulsif, excessif, et obsessif. Rien de moins ! Je manque de retenue dans la satisfaction de mes besoins et de mes désirs. Dans presque tout ce qui me procure un bien-être, du sexe jusqu'aux fraises, du cinéma jusqu'aux framboises, de la télé jusqu'aux raisins, je ne me rassasie jamais, je « gloutonne ». Et comme tous les toxicomanes, je n'arrive que difficilement à retarder la satisfaction de mes plaisirs : je veux tout, tout de suite. En fait, j'ai reproduit dans ma toxicomanie les mêmes comportements que j'adoptais dans ma vie courante, ce qui n'a fait qu'en multiplier les effets dévastateurs.

Dix

J'ai appris l'importance de la sérénité, du calme, de la tranquillité d'esprit, et de la paix intérieure. Pour moi, ce ne sont pas de vains mots. Ils décrivent l'état d'être qui me protège contre l'influence pernicieuse du monde extérieur, contre la vie de fou qu'il nous impose, contre les valeurs tronquées qu'il nous propose, contre la pression, le stress, et la tension qu'il nous fait subir, contre la déshumanisation de l'homme, contre l'insignifiance, et contre la bêtise. L'être humain est en danger : il est orgueilleux et arrogant. Ce nouveau siècle et ce nouveau millénaire nous lancent tout un défi : y investir un supplément d'humanité. Et pour moi, cela commence en moi, par une prise de conscience du sens que j'entends maintenant donner à ma vie.

Je dois reconnaître mes limites. Impulsif et émotif, je dois me méfier de moi-même et canaliser mes énergies vers des défis et des projets réalistes. Je me donne maintenant un cadre de vie qui favorise mon développement et mon épanouissement dans le respect de mes faiblesses et de mes fragilités, sans pour autant m'empêcher de me laisser guider par mes instincts et mes intuitions. Mais la prudence et la réserve s'imposent pour domestiquer ma spontanéité et mes élans et m'empêcher de tomber dans la folie des grandeurs. Je me le répète souvent : changer le monde, c'est d'abord se changer soi-même.

Onze

J'ai aussi appris le sens du temps présent, qui contribue tellement à simplifier la vie, et surtout, qui permet de jouir de chaque instant, de chaque moment. Dans ce monde de gens pressés et surexcités qui courent et qui s'agitent, quelle merveilleuse sensation que d'avoir le pouvoir de s'arrêter et de jouir du *hic et nunc*, de l'«ici et maintenant»! On me dira qu'il est facile de penser et d'agir ainsi quand on est seul, sans obligations. Il y a sans doute du vrai là-dedans. Mais je persiste à croire que c'est la seule façon d'arriver à surnager et à garder la tête hors de l'eau dans cet univers qui nous sollicite de toutes parts. Se brancher sur le temps présent et en faire un moment réinventé de jour en jour, d'heure en heure, de minute en minute. Pour un toxicomane, cette approche est non seulement utile, mais nécessaire. Aujourd'hui, c'est dans l'«ici et maintenant» que s'effectue mon salut.

Je prends conscience que j'ai trop longtemps regardé passer la parade, passivement installé dans le confort de ma petite chaise d'observateur, à me questionner et à me torturer sur le sens des choses, plutôt que de plonger dans la mêlée avec naïveté et spontanéité. En acceptant de me casser la gueule, à l'occasion. Je me suis découvert une grande sensibilité à l'opinion des autres, aux attaques mesquines et aux critiques blessantes, sensible à ce rejet qui ébranle l'estime et la confiance. J'ai décidé que c'en était fini et qu'on ne m'y prendrait plus. J'apprends maintenant à me montrer imperméable à tout ce qui me dérangeait et me déstabilisait, auparavant. Parler, écrire, m'ouvrir, me mettre à nu sont des gestes qui ne m'indisposent plus, car rien ne me comble davantage que d'être moi-même et de m'affirmer tel que je suis, au risque de choquer, de provoquer, ou de décevoir.

Douze

J'ai retenu qu'il y a un mot magique pour surmonter son mal d'être et son mal de vivre : parler. Ouvrir son cœur et laisser une personne de confiance y entrer. La parole libère. Je m'en suis servi abondamment durant mes sept thérapies et je suis en mesure de témoigner de sa puissance. Les groupes d'entraide sont d'ailleurs nés de la rencontre de deux alcooliques qui ont décidé de se parler et de s'entraider. Voyez aujourd'hui le résultat spectaculaire de leur action : des millions de gens ont été secourus et sauvés grâce à cette approche toute simple, mais combien efficace. Parler, se dire les vraies affaires, ne rien cacher, à condition, bien sûr, de trouver quelqu'un à qui on puisse se confier sans se sentir jugé ou condamné. Quelqu'un qui, comme soi, est passé par là. En ce sens, ce n'est pas un hasard si l'immense majorité des intervenants sont des toxicomanes rétablis. Quel bien immense que leur engagement pour aider leurs semblables !

Est-il nécessaire de souffrir pour grandir ? Certainement pas, mais ça aide ! « Qui n'a pas souffert, n'a pas vécu », entend-on souvent. Je laisse aux autres le soin de se définir par rapport à la souffrance. Pour ma part, je reconnais le rôle primordial qu'elle a joué dans mon cheminement et mon rétablissement. Sortir de l'enfer de la drogue après s'être reconnu détruit, défait, et démoli, se relever lentement, trébucher de nouveau, se relever encore et encore trébucher, persister, avancer d'un pas, reculer de deux, ne pas abandonner, quoique battu et abattu, mais toujours avancer, de peine et de misère, et continuer de croire et d'espérer. Tout un défi !

Mais quelle satisfaction aussi ! Sans cette épreuve, je doute fort que j'aurais atteint la plénitude. J'aurai payé le prix pour y parvenir, mais finalement, cela en aura valu le coût. Il y avait en moi un grand vide, un grand trou, un grand manque. J'ai découvert là une grande souffrance : mon mal d'être et mon mal de vivre. J'ai travaillé à me rebâtir, morceau par morceau. En apprenant à me respecter et à me faire respecter. Je suis entré en contact avec moi-même. J'ai refait la paix avec moi-même. Et je vis maintenant en harmonie avec moi. Je me suis remis au monde. Je renais. J'existe.

Dans la simplicité et dans la plénitude. Dans la liberté et dans la dignité.

CHAPITRE 14

À propos de Dieu

J'ai une bonne nouvelle pour vous : Dieu existe, je l'ai créé ! Ou, en termes plus clairs : j'ai cessé de chercher Dieu, je l'ai trouvé. Il est en moi, il m'habite. C'est un Dieu intime, personnel, et profond. Voilà où m'a mené ma quête de spiritualité au terme de mes vingt ans de toxicomanie. Les religions ? Elles sont tout, sauf la spiritualité. Dieu ? Les religions l'ont travesti, elles l'ont prostitué, elles l'ont mis au service de toutes les causes, sauf de la sienne, toute simple qui, selon moi, se traduit comme suit : «Aime-toi, aime les autres. Respecte-toi, respecte les autres. Ne leur fais rien que tu ne voudrais qu'ils te fassent. Fais le bien, évite le mal. Écoute la voix de ta conscience. Sois un homme de paix. »

Tout le reste n'a pour moi aucune importance. Bien plus, je redoute comme la peste l'interprétation étroite que chaque religion fait de ce Dieu dont chacune revendique la filiation à travers le prisme déformant de sa propre histoire et de sa propre culture. Me répugnent les théologiens, prêtres, et religieux de tout acabit avec leurs diktats, leurs encycliques, leurs anathèmes, leurs bulles pontifiantes, leurs sermons prêchi-prêcha, leurs directives, leurs règlements, leurs interdits, leur liturgie, leur cérémonial, et tout le reste. Tous, d'une religion à l'autre, d'une confession à l'autre, d'une pratique à l'autre, plus exclusifs qu'inclusifs.

Je le dis en sachant fort bien que mes propos ne feront pas l'unanimité. Et alors ? Est-ce que la spiritualité n'est pas d'abord une recherche du sens de la vie, et que les religions, toutes les religions, incluant « la mienne », ne sont pas davantage un empêchement à y parvenir ? Regardez-moi ça : quel triste spectacle que ces guerres de religions fondées sur la recherche du pouvoir d'un dieu sur celui des autres, sur le ton de « mon père est plus fort que le tien ! ». Navrant.

Pourquoi cette charge ? Parce que notre humanité a besoin plus que jamais de spiritualité, parce qu'elle a besoin de donner un sens à la vie, de fonder son existence sur des valeurs humaines. Je n'en peux plus du délire religieux des fanatiques. Je n'en peux plus du sectarisme des Églises. Je n'en peux plus de l'hypocrisie des proxénètes d'une morale inhumaine. Quel orgueil et quelle arrogance chez ces hommes qui se disent inspirés de Dieu et qui se donnent comme mission de nous guider sur le chemin de la rémission et de la rédemption ! Quelle foutaise ! J'aime cette réflexion que m'a faite un camarade : « La religion, c'est pour ceux qui ont peur d'aller en enfer, la spiritualité, c'est pour ceux qui en arrivent. »

Qu'on me comprenne bien : c'est parce que je crois en Dieu que je ne crois en aucune religion. Parce qu'aucune religion ne m'a présenté le Dieu dont j'avais besoin pour mieux vivre. Aucune ne m'a invité à le rencontrer simplement, humainement. Aucune ne m'a suggéré de me le faire à mon image et à ma ressemblance. Voilà pourquoi, dans la souffrance de ma toxicomanie qui me révélait mon grand vide intérieur, j'ai appris à développer une spiritualité sur mesure, bien plus enrichissante que tous les enseignements religieux.

J'aime les réflexions d'un Albert Jacquard, qui pose un regard lucide sur Dieu, la spiritualité, et les religions : « Le besoin de spiritualité existe, bien sûr. Il faut le considérer comme un fait. L'univers tout entier ne nous suffit pas. Mais, pour moi, ce n'est pas tellement important. Ce qui compte, c'est d'en tirer des conséquences sur la façon de vivre ensemble et non pas sur ce qu'il faut croire ou ne pas croire. Je veux qu'on abandonne le Credo pour essayer de bien découvrir le message sur la montagne, qui n'explique pas du tout ce qu'il faut croire ou ne pas croire, mais ce qu'il faut faire… Pour moi, il n'y a aucun besoin de croire. Il y a besoin de se comporter. »

J'aime aussi cette autre réflexion du président du Club de Budapest, Ervin Laszlo : « Cette spiritualité émergente diffère de la religiosité traditionnelle, mais ne va pas à l'encontre des traditions religieuses. À leurs débuts, toutes les grandes religions ont inculqué à leurs adeptes le sens de l'importance de la spiritualité… Malheureusement, avec le temps, l'essence même de l'expérience religieuse s'est dissoute, transformant certaines religions et certaines communautés religieuses en ramassis de rituels et de doctrines vides de sens… La progression de la spiritualité au sein des cultures émergentes est indépendante de la religiosité croissante de la société et ne se reflète pas dans la fréquentation de l'église. En effet, souvent, les personnes qui adhèrent à une doctrine religieuse traditionnelle et qui fréquentent l'église ne sont pas profondément spirituelles. Tout comme les confessions religieuses contemporaines reflètent une certaine absence de spiritualité, les cultures émergentes pratiquent une spiritualité dépourvue de religiosité. »

Évidemment, cela ne m'empêche pas de reconnaître la contribution inestimable de milliers d'hommes et de femmes extrêmement dévoués qui, dans l'exercice de leur mission, se sont révélés profondément humains, œuvrant dans toutes sortes d'institutions aussi importantes que la santé et l'éducation. En quittant ces secteurs au cours des années 60, la plupart d'entre eux se sont trouvé d'autres missions, agissant avec empathie et compassion auprès des démunis, des éclopés, et des exclus de notre société. Leur comportement exemplaire fait honneur aux plus belles valeurs qu'une collectivité doit encourager et favoriser. Hommage et reconnaissance doivent leur être rendus. Et je le dis, en toute sincérité.

Ce sont plutôt les bondieuseries, les grenouilles de béni-
tier et les punaises de sacristie, qui me font suer. Je trouve
tout ce cirque à mille lieues de la démarche personnelle de
l'être humain qui désire intérioriser sa quête de spiritualité
en entrant en contact avec lui-même, en puisant au fond
de lui pour trouver les ressources nécessaires à son développement et à son épanouissement, et en identifiant les
valeurs qui vont donner un sens à sa vie. Les gens qui s'engagent dans cette démarche ne sont pas des extra-terrestres ;
ils sont enracinés dans le monde réel, sensibles à la souffrance du monde : ils sont véritablement engagés.

On peut en dire autant de plusieurs personnes qui, occupant d'importantes fonctions ecclésiastiques, de quelque confession qu'elles soient, savent transmettre par leur action,
plus que dans leurs sermons, un message qui convienne aux
humains de cette terre. C'est quand ils sortent du corridor
étroit de leur catéchisme qu'ils atteignent le cœur des hommes. D'ailleurs, à cet égard, le Québec religieux d'aujourd'hui
est vraiment rafraîchissant quand on le compare à celui de
l'avant Révolution tranquille des années 60. C'est le jour et
la nuit. Les jeunes d'aujourd'hui ne peuvent avoir qu'une
vague idée de l'omniprésence et de l'omnipuissance que
manifestait l'Église catholique à cette époque. En un sens, en
sortant de l'intégrisme de la pensée religieuse des dernières
décennies, il s'est produit un véritable réveil des esprits,
comme si nous nous retrouvions collectivement en plein
processus de désintoxication et de libération.

Ce chaos créateur nous a fait transiter vers de nouvelles
formes d'engagement, à commencer par l'action sociale et
communautaire. Et le Québec, entré dans une période d'ébullition et d'effervescence, de volonté de changement en réformes profondes, de la défense des Droits de la personne à
l'affirmation de la nation, donnait l'impression que la société
passait de la raison d'Église à la raison d'État. D'une culture du culte, nous sommes passés à une culture de déli-
vrance. La responsabilisation collective nous a fait prendre

le contrôle civil de l'éducation et de la santé. Nous devenions maîtres de nous et de notre destin. Du peuple à genoux, nous sommes passés au peuple debout !

Observez notre monde, constatez son orgueil et son arrogance. Son intégrisme religieux qui vire souvent au fanatisme. Je n'en ai rien à foutre du Dieu de Bush, de Sharon, et de Ben Laden. Des dieux de confrontation et d'affrontement. Des dieux guerriers, violents, et meurtriers. Des dieux qui cherchent à imposer leurs valeurs aux incroyants. Des dieux conquérants, impérialistes, et dominateurs. Des dieux méprisants et intolérants. Des dieux diaboliques et démoniaques. Des dieux qui ont réduit Dieu au silence.

Regardez-moi cette Amérique républicaine presbytérienne, dont l'obésité patriotique et le délire religieux frisent le ridicule, ce peuple dont l'historien anglais Toynbee avait si justement dit qu'il était « le seul peuple à être passé de la barbarie à la décadence sans connaître la civilisation ». Je contresigne et persiste. C'est une nation aux antipodes de mes valeurs. Au moment où j'écris ces lignes, elle met l'Irak à feu et à sang, contre la volonté de la communauté internationale, contre les Nations Unies, contre la volonté des peuples. Parce qu'il faut venger le 11 septembre 2001, combattre le terrorisme, renverser le dictateur Saddam Hussein, en prétextant la démolition des armes de destruction massive… dont on n'aura trouvé finalement, au terme de la guerre, aucune trace.

God Bless America ! Oh yes ? Mais vous ne connaissez pas *Gun is an American* sur l'air de *God is an American* ? J'entends encore cet aumônier d'un porte-avions américain qui disait : « Dieu est du côté des gagnants. » Pitoyable Amérique des *preachers*, de la religion-spectacle, de la « Christian Belt », et de toutes les sectes à gogo. Amérique de la déification de l'argent, Amérique de la loi du plus fort, Amérique des armes à feu, Amérique de la peine de mort, Amérique de l'intolérance et de l'hypocrisie, Amérique de l'ignorance et de l'insignifiance. Telle une Rome décadente. Oh, il y a bien quelques dizaines de millions d'Américains dont je m'accommode fort bien, qui sont ce qu'on appelle des « socio-créateurs ». Mais voilà, ils ne sont jamais au pouvoir, celui-ci étant démocrate ou républicain. Ces hommes et ces femmes clairvoyants ne ressemblent en rien aux représentants de l'Amérique profonde qui dirigent, imposent et gagnent toujours. Or, ceux-là, ils m'horripilent et, permettez-moi de le dire clairement, je les honnis.

Cette même Amérique qui soutient Israël et l'ex-général qui lui tient lieu de premier ministre : quel gâchis ! Passe toujours que soit reconnu aux juifs le droit d'avoir une terre pour exister, mais faut-il pour autant refuser à ceux qu'ils ont chassés d'avoir la leur ? Et pousser l'insulte et l'injure jusqu'à occuper le territoire qu'il leur reste pour satisfaire le colonialisme religieux de fanatiques d'extrême droite ? Avec ce satané Bush qui — et il le dit sans rire — nous parle de la création prochaine d'un véritable État palestinien grâce à l'instauration d'une grande démocratie en Irak, laquelle créera les conditions gagnantes pour la transformation de tout le Proche-Orient ! Y a-t-il un médecin dans la salle ?

Regardez-les ces tyrans, ces dictateurs et ces despotes, ces illuminés qui, sous le couvert de la volonté de Dieu ou d'Allah, oppriment leur peuple tout en se couvrant d'or et de gloire. Saddam Hussein, bien sûr, qui n'est plus qu'un mauvais souvenir. Mais tous les autres aussi qui entremêlent politique et religion, qui mettent Dieu sous leurs ordres et qui mélangent la prière à leurs décisions. Des dizaines de conflits continuent de s'envenimer et n'en finissent plus de pourrir, alors qu'il y a urgence de séparer l'Église et l'État, et de reconnaître la nécessité absolue de la laïcité dans la direction des sociétés et l'administration des affaires publiques.

Et toi, Dieu, que penses-tu de ton Monde ? Tu la trouves comment, ton Humanité ? Si tu crois en une révolution des hommes et de leurs valeurs, elle devra passer par la révolution des cœurs, ou elle ne se fera pas. Ce que je comprends de toi et du message que tu nous as livré, c'est que je dois commencer par moi, en moi, là où se trouve le premier chantier de ma propre révolution. Avec l'objectif d'être en contact constant avec toi, en écoutant cette petite voix intérieure, voix de la conscience, qui me renvoie à la simplicité et à la grandeur de l'«Aime-toi, aime les autres». Ni plus ni moins.

En exprimant ainsi mes convictions les plus profondes, je ne prétends pas avoir trouvé la vérité et ne cherche pas à convaincre qui que ce soit. Car je respecte ceux qui choisissent la voie d'une religion pour atteindre un certain état de sécurité, de confort, et d'apaisement. Je sens seulement le besoin d'affirmer le bien-être que me procure cette sensation de faire corps avec un Dieu libéré des «tracasseries administratives» de toutes les écoles d'interprètes. Et ce Dieu, je le rencontre dans bien des gens qui, à une étape importante de leur existence, ont ressenti la nécessité d'intérioriser leur réflexion sur le sens de la vie, et qui, ce faisant, se sont découvert un Dieu, tel qu'ils le concevaient. Je me sens très proche d'eux.

Je crois aussi que dans ce monde agité, énervé, et excité, dans cette vie de fou fondée sur la performance et la productivité, dans cet univers de la consommation à outrance, dans cette société de gens pressés et stressés, les zones de silence nous manquent pour réfléchir et nous ressourcer, en cherchant le sens qui doit être donné à notre bref passage sur terre. Ce qui est vraiment révolutionnaire à notre époque, c'est le changement intérieur que chaque individu apporte à sa vision du monde et à son engagement social, en se rappelant, à l'occasion, qu'il est mortel et qu'un jour, le rideau va tomber. Combien de gens, par leurs attitudes et leurs comportements, donnent l'impression qu'ils sont éternels, accumulant argent, pouvoir, et prestige comme si le spectacle de leur suffisance et de leur arrogance n'allait jamais prendre fin. Ce sont eux les pauvres d'esprit.

Cela me fait penser à cette vision de l'état du monde que dresse l'écrivain Maurice G. Dantec : «Il me semble qu'on arrive à une limite, que l'humanité est en train de traverser une membrane historique qui la conduit à la croisée des chemins : soit à l'autodestruction, soit à la transmutation spirituelle. Il n'y aura pas de demi-mesure à ce niveau-là. » Ce siècle sera le siècle de Dieu, ou il ne sera pas.

Alors, moi, pour la suite des choses, je m'en remets au plaisir que j'éprouve à me sentir en harmonie avec une Présence apaisante qui me conforte dans ma conviction d'avoir adopté une spiritualité significative. Sans plus jamais me tourmenter et me torturer sur l'après et l'au-delà. Reconnaissant envers mes parents de m'avoir fait cadeau de la vie, en sachant qu'à la fin de mon tour de piste, j'irai les rejoindre là-bas, à Cowansville... ou ailleurs. « Que Sa volonté soit faite. »

Bon, rien ne presse. J'aime la vie, j'aime mes folies. J'ai le goût de nouveaux défis, j'ai encore quelques projets en tête. J'ai la passion du Québec et des Québécois. Et surtout, j'ai ces frères et sœurs, ces neveux et nièces, cette famille et ces amis grâce auxquels l'amour et l'amitié ont pris tout leur sens.

Alors, que me soit donné un jour de plus, et puis un autre, un autre, et un autre, pour jouir pleinement de ma nouvelle vie !

ÉPILOGUE

Aujourd'hui, la vie!

Je vais mourir.

Je ne sais ni quand ni comment, mais je sais que je vais mourir.

Pourquoi le dire? Pour me rappeler que la vie est courte et que le temps passe vite. Aujourd'hui, et plus que jamais, je me sens habité par l'urgence de vivre, de mordre dans la vie, de croquer chaque instant présent comme s'il était le dernier. Je n'ai plus de temps à perdre, car j'ai le sentiment de vivre sur du temps emprunté depuis ce cancer maintenant maîtrisé, depuis cette toxicomanie qui aurait pu m'être maintes fois fatale.

Je sais que je suis privilégié d'être en assez bonne forme, malgré toutes ces agressions commises contre ma santé physique et mentale, je sais aussi que, derrière ce goût et cette joie de vivre retrouvés, se cache une usure réelle et un vieillissement prématuré. Si j'ai encore le cœur et l'enthousiasme de mes vingt ans, je n'ai plus l'énergie ni la résistance que j'avais à cet âge, de là la nécessité de me consacrer à l'essentiel: profiter au maximum du temps présent.

La vie au jour le jour.

Les joies simples et ordinaires.

Les proches, la famille, les amis.

Car après les semaines fébriles qui ont suivi ma sortie publique, après les tout aussi fébriles fêtes de Noël et du Nouvel An, je me suis retrouvé complètement seul. Plus d'appels téléphoniques, plus de messages électroniques, plus de lettres, plus rien. Sans compter les cinq ou six offres d'emploi qui se sont évanouies lentement, perdues dans l'indifférence. Que me reste-t-il ? Tout ! C'est-à-dire, l'essentiel, qui est davantage spirituel que matériel. L'épreuve de la toxicomanie m'a profondément changé, et ce changement se reflète dans mon quotidien. Je m'adapte à cette nouvelle vie, j'apprends à en apprécier chaque moment. Je me contente de peu, mes besoins vitaux étant pleinement satisfaits. Je me réjouis de la présence d'êtres chers dont le contact me nourrit et me stimule ; j'aime leur vérité et leur simplicité.

Et puis, ce calme et cette tranquillité constituent un cadre idéal pour me permettre de remplir mon mandat prioritaire, celui de témoigner, par l'écriture, de mon combat contre la toxicomanie. Je prends conscience de la discipline qu'il faut pour parvenir à accomplir ce projet. J'ai commencé la rédaction de mon témoignage durant la période des Fêtes sur les chapeaux de roue, mais je me suis enlisé quelque peu, après les premières semaines et les premiers chapitres, envahi par un léger état dépressif, après six mois d'adrénaline soutenue. En jetant un regard en arrière, je peux voir tout le chemin que j'ai parcouru, en si peu de temps et à un rythme aussi effarant, et ce, dès que j'ai cessé de consommer. C'est un peu comme si j'étais resté sur les *high* et les *buzz* de ma dernière rechute, comme si ne n'avais pas réellement changé de rythme. Quelque peu essoufflé, je me suis vu atterrir et reprendre une vie plus normale, celle qu'il me fallait réintégrer tôt ou tard.

Cependant, je suis toujours fragile et vulnérable, alors je me méfie de cet état de fébrilité qui accompagne mes joies comme mes peines. En me racontant dans ce livre, de ma naissance jusqu'à maintenant, j'ai eu l'occasion de revoir ma vie, mais aussi et surtout, cela m'a permis de la revivre comme si le passé était redevenu présent. Et pendant que j'écrivais, je sentais les émotions monter, mes yeux se remplissaient de larmes, ma bouche se plissait ou souriait. Et quelques fois, à deux ou trois reprises, des tentations de consommer sont venues me tarauder. À un point tel que j'ai dû m'interrompre, laisser là l'écriture, fermer mon ordinateur, et prendre une grande inspiration.

— Mario ?

— Oui.

— Ça ne va pas, je suis fébrile et fragile. Parle-moi, calme-moi.

— Bon. Que se passe-t-il ?

— J'ai de grandes bouffées de chaleur, j'ai le goût d'en prendre.

Et là, grâce à cet ami si compréhensif et si humain, lui-même toxicomane rétabli depuis plusieurs années, j'en arrive à retrouver progressivement la sérénité et la tranquillité d'esprit. Mais je me rends compte à quel point nous demeurons fragiles et vulnérables. Il faut toujours rester sur nos gardes et nous méfier. Et ne pas craindre d'appeler une personne capable de nous écouter et de nous aider. D'une fois à l'autre, ces attaques deviennent moins inquiétantes, à condition, bien sûr, d'en parler rapidement à un confident en qui nous avons pleinement confiance.

Pendant les quatre premiers mois de l'année 2003, j'ai tenté de bien intégrer mon nouveau mode de vie dans mon quotidien, en me concentrant sur la satisfaction de mes besoins essentiels, confiant que l'avenir serait bon pour moi dans la mesure où je voudrais bien accueillir ce qui ne manquerait pas de s'offrir à moi. Ces jours-ci, entre autres, m'ont fait vivre des moments de joies intenses, joies qui, en dépit de leur apparente banalité, me permettent d'avancer d'un grand pas dans ma recherche d'un humanisme engagé.

Toutefois, je mentirais si je prétendais filer le parfait bonheur. La solitude, que j'essaie d'apprivoiser de mon mieux, me pèse lourd. Je continue de ressentir de profondes carences affectives. Je m'illusionne encore en cherchant dans des échappatoires sexuelles une réponse convenable à cette souffrance. Comme si une dépendance en cachait une autre… Suis-je devant un autre passage à vide, un autre néant, un autre combat à mener ?

Le « bon docteur » aime qualifier la souffrance qu'engendre ce comportement de « néant post-coïtal ». Je confirme que c'est bien la sensation que laissent ces rapports artificiels et superficiels dans lesquels j'investis mon désir de douceur et de tendresse, et d'une vie affective qui aurait enfin un sens. D'ailleurs, dans l'explication et la compréhension de la toxicomanie se retrouvent très souvent ce manque, ce vide, ces carences affectives qui sont révélatrices de notre malaise profond et qui conduisent malheureusement à toutes sortes de dépendances. Mais ce ne sont que des succédanés éphémères qui, bien loin de soulager, ne font qu'ajouter à la terrible douleur de la privation affective. Me voilà donc encore au travail, à chercher des réponses capables de m'apaiser et de m'apporter un confort relatif pour faire face à cette problématique ravageuse qui, si elle n'est pas maîtrisée, pourrait s'avérer aussi destructrice et dévastatrice que les médicaments, l'alcool, et la cocaïne.

La première solution consiste à m'occuper en investissant dans des projets stimulants, mais réalistes. Car, c'est un autre aspect de la personnalité du toxicomane, il doit se méfier de ses enthousiasmes et de ses emballements impulsifs et compulsifs. En ce qui me concerne, au moment de relever un défi, peu importe lequel, je dois me considérer comme mon pire ennemi et ne pas me laisser emporter par les émotions que pourraient susciter certains événements. Pressé d'appuyer sur la gâchette, je voudrais m'engager dans de multiples causes sans toujours respecter les limites que m'impose ma condition actuelle. Dans les circonstances, je dois prendre du temps et du recul pour évaluer avec prudence et patience ma capacité réelle à m'engager dans des missions exigeantes. En me rappelant aussi que c'est dans un contexte similaire que s'est développée ma dépendance aux drogues au début des années 80.

Car la crise d'identité que j'ai traversée – née de l'affrontement des deux faces opposées de ma personnalité, celles du personnage public et de l'homme privé – et qui m'a conduit à la toxicomanie risque de refaire surface si je n'y prends garde. En clair, chaque fois que je me laisse emporter par ma passion de l'engagement dans les débats publics, je dois en mesurer lucidement les conséquences sur mon équilibre physique et psychique. Je dois en outre m'assurer de concilier mon juste désir de contribuer à la vie de notre société à la nécessité absolue de me respecter dans mes besoins fondamentaux. Si je m'égare, je cours deux risques sérieux, celui de compromettre tout ce que j'ai acquis au cours des dernières années et celui de replonger dans les comportements qui m'ont été si dommageables dans le passé. Et ça, j'en connais trop bien les terribles conséquences.

Et vous savez quoi ? Je n'en ai pas la moindre envie.

Alors, aujourd'hui 10 avril 2003, à quoi ressemble ma vie ? D'abord, à presque rien qui puisse ressembler à ma vie antérieure, pour peu que j'aie retenu le message que m'ont envoyé mes vingt ans de toxicomanie. Et ce, malgré toutes les tentations qui pourraient m'y ramener. Et plus le temps passe, plus je m'installe dans une zone de confort qui respecte mon nouveau mode de vie. La vie privée domine la vie publique, la vie personnelle domine la vie professionnelle. Le vaste réseau de connaissances a cédé le pas à quelques rares et vraies amitiés. La simplicité et la sérénité occupent toute la place.

Et puis, la vie réserve de si belles surprises et de si beaux moments ! Je les accueille, je les bénis, je les savoure ! Perpétuant en tout mon penchant pour le plaisir et la jouissance avec, disons, moins d'excès et d'abus, juste un peu plus d'équilibre. Me complaisant dans l'hédonisme et l'épicurisme. Voilà ce qu'est devenue ma vie depuis que j'ai arrêté de consommer cette damnée cocaïne : je récolte sans cesse les dividendes de mes efforts. Quand je me suis résigné, au début de cette année, à voir s'évanouir quelques belles offres d'emploi, j'ai refusé de me nourrir aux deux mamelles du négativisme, soit l'apitoiement et le ressentiment, deux sentiments fort périlleux pour un toxicomane, souvent précurseurs d'une rechute. Au contraire, j'avais la conviction que je devais accepter ces contrariétés, persuadé que de meilleures choses m'attendaient si je faisais preuve de patience et de persévérance, si je me montrais confiant. C'est maintenant ainsi que j'envisage la vie, et c'est tellement plus facile. Plus profitable aussi.

M'arrive-t-il de songer à retourner en politique ? Oui, très souvent. Le débat public me passionne. Quand je discute des grands enjeux, je m'emballe, je m'enflamme. Qu'est-ce qui me retient ? Beaucoup de choses, particulièrement le rappel de cette période difficile qui a vu naître ma toxicomanie, alors que j'assumais les fonctions de député et de ministre, au début des années 80. Et puis, je me demande si je suis prêt à troquer ma qualité de vie actuelle contre cette existence de fou qui exige tellement de sacrifices ? Je le dis comme je le pense, je trouve bon nombre de gens passablement cyniques, voire mesquins, à l'endroit des politiciens, lesquels exercent un métier que je considère comme une des plus nobles formes d'engagement social. Je vais vous faire une confidence… Je nourris en ce moment un projet qui pourrait éventuellement déboucher sur l'action politique. J'y songe depuis un certain temps, en essayant toutefois d'en bien mesurer toutes les implications, à commencer par ma propre capacité à le mener à terme. Pour l'instant, je cogite, et n'exclus rien. En laissant au temps le temps de prendre son temps.

Aujourd'hui, ma réflexion, à l'instar de celle de bien des jeunes, s'est internationalisée. Ou, devrais-je dire, elle s'est universalisée. C'est le sort de l'humanité qui m'interpelle : les injustices et les inégalités dont tant de peuples sont victimes me préoccupent. L'intolérance et l'incompréhension m'agacent. Et le fait de voir la logique de guerre l'emporter sur les efforts de paix m'horripile. Et, comme bien d'autres, je ne supporte pas de me sentir impuissant. Alors, à défaut de pouvoir changer le monde, j'essaie de m'améliorer comme être humain, en espérant que, par l'attrait plutôt que par la réclame, je pourrai convaincre des esprits et conquérir des cœurs.

Et le Québec dans tout cela ? Suis-je toujours souverainiste ? Oui, et à jamais ! Ce qui, loin de là, ne s'oppose à ma conscience planétaire, car nous commettrions une grave erreur en croyant que la mondialisation va standardiser les peuples et les nations, annihiler les cultures et les traditions. De me sentir profondément Québécois ne m'empêche pas, bien au contraire, de me sentir citoyen du monde. En m'enracinant ici, chez moi, dans mon pays, je me donne le goût, le droit et le devoir de m'ouvrir sur le monde extérieur pour mieux le connaître et mieux le comprendre, dans un esprit de solidarité et de partage. Et surtout, de paix.

Heureux d'être d'abord en paix avec moi-même.

Voilà, je m'arrête, en ayant le sentiment de vous avoir tout dit sur ma condition humaine.

Retrouver notre liberté et notre dignité!

J'arrive de loin. J'arrive de creux. En fait, j'arrive de l'enfer... Depuis une vingtaine d'années, j'ai sombré dans la toxicomanie. Successivement, j'ai développé des dépendances à l'alcool, aux médicaments et à la drogue, la cocaïne. Au cours des douze dernières années, j'ai eu recours à sept thérapies dans cinq centres de traitement différents. Durant toutes ces années de consommation, j'ai englouti environ deux millions de dollars. Plus grave encore, je me suis détruit sur tous les plans : physique, mental et moral. Défait. Démoli. Avec tous les mauvais comportements que cette maladie engendre : mensonge, manipulation, malhonnêteté, irresponsabilité. Avec, aussi, toutes les conséquences qu'on peut imaginer et dont les plus importantes ne sont pas matérielles : peine des proches, perte d'estime de soi, manque de confiance, absence de crédibilité. Le vide. Le néant. L'enfer, je vous dis.

D'une rechute à l'autre, il y a eu, bien sûr, quelques bonnes périodes, ici et là. Quelques semaines, quelques mois

---

* Texte publié dans *Le Soleil* et *Le Devoir*, au moment de ma sortie publique, le 15 novembre 2002.

d'abstinence. Une année complète ? Jamais. Mon record ? Cinquante semaines, du 25 juin 2000 au 13 juin 2001 : un pur délice, un pur bonheur ! Accompagné d'un merveilleux cadeau, celui d'aider d'autres toxicomanes à s'en sortir… jusqu'à ce que je trébuche de nouveau, et pour treize longs mois… jusqu'au 10 juillet dernier. Au moment d'écrire ces lignes, j'en suis à ma 132e journée d'abstinence et j'en suis très fier ! D'autant plus fier que c'est la première fois que j'y arrive par moi-même, sans l'aide d'une thérapie… Sans doute parce que j'ai touché mon bas-fond et que j'ai atteint ce qui est si important pour un toxicomane : l'écœurement de la drogue, bien sûr, mais surtout de soi.

Vous dire le bien-être que je ressens maintenant : d'abord, oui, la santé, physique et mentale ; ensuite, la capacité de me responsabiliser de nouveau, de reprendre ma vie en main ; puis, ce goût de vivre, cette joie de vivre, qui n'y étaient plus ; enfin, les mines réjouies de ma famille et de mes amis. Tout cela, dans un climat de paix, de calme, et de sérénité. Avec, comme seul projet, de donner un sens à ma vie.

J'entends la souffrance des gens qui m'entourent. Elle est là, réelle, palpable. Cette détresse, je l'ai ressentie, au plus profond de moi. Elle m'interpelle, quand je la vois chez les autres…

« Parce que je sais qu'au fond de vous, refoulées, se brassent des émotions d'une intensité inouïe, résultats de blessures, de douleurs et de souffrances ravalées…

« Parce qu'au cœur de votre cœur, de nombreuses carences affectives n'ont pas encore trouvé le chemin de l'aimer et du laisser-aimer…

« Parce que la vie est difficile, que vous vous en sentez absent, ou qu'elle vous apparaît trop lourde à porter dans ce qu'elle vous sollicite d'énergie…

« Parce qu'il y a ce vide, ce grand trou noir qui vous habite et que vous ne remplissez que de votre tristesse, de votre désarroi et de votre désespoir…

« En vous écrivant ces lignes, amis qui souffrez encore, je souhaite seulement vous transmettre la force de l'espoir et le don de croire. De croire en vous.

« Votre histoire et la mienne, sans être pareilles, se ressemblent. Un peu plus de ceci, un peu moins de cela. Pilules, alcool, drogues, jeu, nommez-les tous, ce furent nos soupapes pour nous soulager de ce qui était devenu à la longue insupportable et intolérable. Nous savons bien qu'il n'y a là aucune réponse vraie aux soubresauts d'une âme en mal de vivre ou d'une vie sans âme. »

On dit qu'à tout malheur quelque chose est bon. C'est vrai. Je ne souhaite à personne de connaître cet enfer, mais ceux qui ont eu le privilège d'en sortir vous diront quelle merveilleuse expérience de découverte, de connaissance et d'amour d'eux-mêmes cette épreuve leur a apportée. « Qui suis-je ? D'où viens-je ? Où vais-je ? », disait Nietzsche. Questions fondamentales pour tout être humain, mais dont les réponses ne viennent souvent que dans la souffrance et la détresse. Ce fut mon cas. Ce que j'ose appeler : mon réveil spirituel. Et qui n'est rien d'autre que la recherche du sens de la vie.

Car, voyez-vous, dans ce monde matérialiste qui nous intoxique, dans cette société qui est en pleine crise de valeurs et qui se déshumanise, plus que jamais, la recherche du sens des choses s'impose. Cela, pour moi, correspond à une quête de spiritualité et à un besoin de témoigner. Avec des valeurs humaines aussi simples que le respect, l'intégrité, l'ouverture d'esprit, la compréhension, la tolérance, l'empathie, la compassion, le partage, l'entraide, la solidarité... Changer le monde, c'est d'abord se changer soi-même.

En m'adressant aujourd'hui aux gens défaits, désespérés et découragés, je souhaite allumer quelque chose en eux qui les libère de leur noirceur et comble leur vide intérieur. En leur disant qu'il faut s'accrocher et espérer, même s'il faut plusieurs fois tomber et chaque fois se relever. De peine et de misère. Un jour peut arriver, je sais de quoi je parle, où notre vie retrouve enfin un sens.

«Et vous qui me lisez, je sais que dans vos efforts pour vous en sortir, il y a eu, comme pour moi, ce va-et-vient constant entre succès et échecs, entre abstinence et consommation. Et que très souvent, au détour d'un moment de découragement, le suicide vous est apparu comme le soulagement ultime, la solution aux solutions qui ne venaient pas ou qui ne duraient pas… Je vous respecte et je vous comprends.

«Car si vous souffrez en ce moment, si vous vous sentez terriblement seuls, si vous avez l'impression que plus rien ne compte et que vous ne comptez plus pour personne, sachez que nous sommes des milliers comme vous, près de vous, avec vous. J'ai vu s'opérer autour de moi des miracles faits de rencontres d'hommes et de femmes qui, face à face, se regardant les yeux dans les yeux, s'écoutant, se parlant, ouvrant tranquillement leur cœur et laissant l'autre y entrer, ont retrouvé, non sans difficultés bien sûr, mais avec courage, la paix, la sérénité et un sens à leur vie.»

Et surtout, ils ont retrouvé leur liberté et leur dignité. Alors, gardez espoir… «L'espoir est une bonne chose, et les bonnes choses ne meurent jamais.»

JEAN-FRANÇOIS BERTRAND
Toxicomane en rétablissement

REMERCIEMENTS

J e suis reconnaissant à toutes ces personnes dont la présence dans ce livre témoigne de la place importante qu'elles ont occupée dans ma vie. Je leur ai demandé si je pouvais citer leur prénom ou, à défaut, les dépeindre par une image qui respecte leur droit à l'anonymat.

À la mi-novembre 2002, au moment de confesser publiquement ma toxicomanie et de raconter ma descente dans l'enfer de la drogue, j'ai pu compter sur la sensibilité et l'empathie de quelques hommes et femmes des médias d'information, je les en remercie tous.

Mes remerciements remplis de gratitude vont également à tous les membres de l'équipe des Éditions de l'Homme qui a fait en sorte que cet ouvrage soit publié. Leur professionnalisme et leur humanisme m'ont grandement facilité l'écriture de ce livre.

Pour terminer, je désire remercier tout particulièrement ma famille, mes amis, ainsi que tous les intervenants qui m'ont aidé et aimé. Je tiens à leur dire à quel point leur présence a été un réconfort pour moi durant ces vingt longues années au cours desquelles ils m'ont accompagné, malgré la tristesse et la colère que ma condition leur inspirait. À tous et à toutes, de tout cœur, merci.

TABLE DES MATIÈRES

Achevé d'imprimer au Canada
en septembre 2003
sur les presses des Imprimeries Transcontinental Inc.,
division Imprimerie Gagné